끌리는 사람은
매출이
다르다

 실천 편

끌리는 사람은
# 매출이
# 다르다

**1판 1쇄 펴낸날** 2018년 10월 27일
**1판 6쇄 펴낸날** 2023년 2월 20일

**지은이** 김주하
**펴낸이** 나성원
**펴낸곳** 나비의활주로

**책임편집** 권영선
**디자인** design BIGWAVE

**주소** 서울시 성북구 아리랑로19길 86
**전화** 070-7643-7272
**팩스** 02-6499-0595
**전자우편** butterflyrun@naver.com
**출판등록** 제2010-000138호
**상표등록** 제40-1362154호

**ISBN** 979-11-88230-58-7  04320
       979-11-88230-59-4  04320(set)

한 달 만에 수익을 30배 올렸던 특별한 노하우

# 끌리는 사람은 매출이 다르다

**실천 편**

김주하 지음

나비의 활주로

# 프롤로그

안녕하세요. 김주하입니다.

우리 사랑하는 독자분들 덕분에 책을 낸 지 9개월 만에

11번 재인쇄 할 수 있었습니다. 감사합니다.

첫 책이었음에도 전편《끌사매다(끌리는 사람은 매출이 다르다)》를

사랑해주신 모든 분들 감사드립니다.

쑥스러운 얘기이지만, 인세는 전혀 받지 않고 있습니다.

대신 우리 멋진 출판사 대표님과 조금이나마 도움이 필요한 곳에

손길을 보내고 있으니, 이 또한 이 글을 읽고 있는 나의 친구,

당신이 도와주신 덕분입니다.

함께 좋은 일에 동참해주셔서 감사합니다.


그리고 이 책은 사실, 수강생분들의 미니 교재로 준비했던 것이었는데,

기왕 만든 것 함께 공유하면 좋을 것 같아 세상에 내보내게 되었습니다.

제가 교육업에 있으면서 느끼는 것은 너무나 당연한 이야기이지만,

실천이 동반되어야 한다는 사실입니다.

이번 실천 편에서는 나에게 어떻게 적용할 것인지를

계속해서 묻고 있습니다. "앎이 통찰이 되고 통찰이 실천이 되었을 때,

그것이이야말로 학문의 완성이다"라는 말처럼

아는 것을 실천으로 완성시키는 우리가 되기를 희망합니다.

특별히 제가 이 책을 읽고 있는 당신을 애정하는 건
분명 끓임없이 배우려 노력하는 분일 것이기 때문입니다.
성공한 사람은 계속해서 배우지만, 그와 반대되는 사람일수록
'나는 이미 다 알고 있다'고 여긴다고 합니다.
아마도 우리는 앞으로 더욱 성장하고 성공할 사람들이겠지요?

책을 얹고 기도하고 있습니다. 다들 잘되시라고요.
조금이라도 도움이 되시라고요.
앞으로도 생각날 때마다 뜨겁게 기도해드릴게요.
그리고 기왕에 공부할 것이라면 팀끼리 함께 교재로 써보면 어떨까요?
실제로 전편을 회사의 교재로 삼아서 매출이 올랐다며
찾아왔던 독자분들이 계십니다.
그와 비슷한 이메일이나 연락을 받을 때 참 보람을 느낍니다.
더불어 지난 제 책을 주변 지인분들에게 나눠주셨던 분들이
많았다는 걸 알고 있습니다. 다시 한 번 감사드리며
이번 책도 좋은 일에 쓰겠습니다. 많이들 동참해주세요. ^^
주변을 밝히시는 우리 독자님들이 되길 빌며, 이상 김주하였습니다.

# Contents

# 시작

# 당신이 만약 60세가 되었거든 공부를 시작하라
## -99세 철학가 김형석

연세대 명예교수이자 99세인 김형석 교수님은
한 강의에서 이런 말씀을 하셨다.
"내 인생 최고 전성기가 언제인 줄 아느냐?"
놀랍게도 75세였다…, 그리고
"내가 40~50대 때 세상을 다 아는 것 같았지만
지금 와서 보니 그때의 난 참 철이 없었다"는
그 말씀에서 스친 생각은
'생이 다하는 그날까지 열심히 배우고 성장해야겠다'였다.

그도 그럴 것이 연륜이 있는 그 교수님께서
"당신이 만약 60세가 되었거든 공부를 시작하라!"라는
말씀을 덧붙이셨기 때문이다.

나는 앞으로도 계속 배울 것이다.
나는 앞으로도 계속 성장할 것이다.

아마 이 책을 집어 든 나의 친구인 당신도
성장에 목말라 하는 분일 거라 믿는다.

우리 모두가 99세가 될 때까지 계속해서 성장하기를…….

『끌리는 사람은 매출이 다르다』 저자 김주하

# 1st

# 01 / 현재의 태도가 미래를 결정한다

한여름이었다.

사무실 경비 아저씨가 폭염에 나와 앉아 계신 것을 보고 여쭈었다.

"더운데 왜 나와 계세요?"

그랬더니, 관리소장님이 안에 들어와 있지 말고 밖에서 지키라고 했다고 대답하셨다.

마음이 짠해 그러지 말고 들어가 계시라고 얘기하던 찰나,

경비 아저씨의 말씀 한마디가 나의 가슴에 와서 꽂혔다.

 "괜찮아요.

나는 이 건물이 내 건물이라고 생각하면서 일해요."

그 말을 듣는데 왠지 모를 전율이 돌았다.

순간, 세상에서 가장 행복하고 부유한 분이 내 앞에 서 있었으리라.

그렇다. 상황을 어떻게 받아들일지는 항상 나의 몫이다.

---

**# Mini Box**

**나의 현재 상황을 가장 긍정적으로 해석해보자.**

--------------------------------------------------------------------

나는 오늘 어떤 마음으로 출근을 하고
어떤 마음으로 일하고 있는가?
지금 이 순간, 나의 일을 다시 정의 내려보자.

"매사에 정성을 다하라.
그리고 자신이 어디에 있든
최선을 다하라."

• 나의 직업에서 '정성을 다하는 것'은 구체적으로 무엇이라고 생각하는가?

• 오늘 하루 중 정성을 다하지 못했거나 마음에 걸리는 일이 있다면 써보자.

✅ 성공한 사람들에게는 특별한 공통점이 있다. 바로 태도다. 인생에서 무엇을 이루고 싶다면 나의 일이 대단한 것이 되도록 나의 태도를 점검하라.

· 내가 평소에 자주 하는 말을 10가지만 써보자.

1 »

2 »

3 »

4 »

5 »

6 »

7 »

8 »

9 »

10 »

· 그중에서 긍정적인 말투와 부정적인 말투에는 무엇이 있는가?

긍정적인 말투 »

부정적인 말투 »

✅ 분야에 상관없이 성공한 사람들은 끊임없이 발전을 추구하고 결코 만족하는 법이 없다. 그들은 달성이 불가능해 보일 만큼 큰 야망을 품고 있었고 남다른 끈기로 자신의 일에 매달린다. 당신은 어떠한가?

• 일이 생각처럼 잘 풀리지 않을 때 나는 어떤 태도로 임하는가?

・지금껏 살아오면서 목표를 달성하기 위해 나는 무엇을 얼마나 해보았는가?

✅ 10년 후의 나는 어떤 모습일까?

_____ 님 10년 후 모습

인간을 지배하는 것은
운명이 아니라 자신의 마음이다.
-프랭클린 루즈벨트

환경이 인간을 만드는 것이 아니라
인간이 환경을 만든다.
-벤저민 디즈레일리

어떤 직업, 어떤 자리에 있건
자신의 일을 사랑하지 않는 이상
결코 성공할 수 없다.

-노먼 빈센트 필

# 꽃뱀 잡는 땅꾼 변호사 vs 그냥 변호사

내가 꽃뱀에게 피해를 봤다고 가정해보자.
'꽃뱀 전문 땅꾼 변호사'와 그냥 만능 변호사,
어느 쪽에 일을 맡기겠는가?

어떤 분야에서든 전문성이 필요하다.
나의 전문성은 무엇인가?

전문성은 타고나는 것이 아니라 만들어진다.
자신의 이름 앞에 자신을 한마디로 정의할 수 있는 문구를 붙여보자.

이것을 브랜딩에서는 '태그라인'이라고 한다.

---

**# Mini Box**

**내 명함 앞에 어떤 수식어를 붙일 것인가? 나의 태그라인을 써보자.**

범위를 좁히면 고객이 줄어든다고 생각하는가?
혹은 힘이 더 집중된다고 생각하는가?

모든 것을 다 하려는 욕심을 버리고,
내가 가장 잘할 수 있는 일을 찾자.

그리고 반드시 기억하라.
지금 우리에게는,

"선택과 집중이 필요하다."

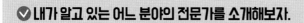

☑ 내가 알고 있는 어느 분야의 전문가를 소개해보자.

☑ 그 전문가의 전공부터 현재 한 분야의 전문가가 되기까지의 이력을 실제로 찾아보자.

• 누구와 겨뤄도 지지 않을 만한 나만의 강력한 무기는 무엇인가?

• 만약 없다면, 앞으로 만들고 싶은 나만의 강력한 무기 3가지를 적어보자.

• 이를 만들기 위해 당신은 어떤 노력을 기울일 예정인가?

✅ **한 분야의 전문가로서 내가 책을 낸다면 어떤 제목과 어떤 내용이 될까?**

· 책의 내용을 한눈에 알 수 있도록 제목을 지어보자.

· 온라인 서점의 책 소개 페이지처럼 내용을 작성해보자.

위험은 자신이 무엇을 하는지
모르는 데서 온다.

-워런 버핏

중요한 질문은
"당신이 얼마나 바쁜가?"가 아니다.
"당신이 무엇에 바쁜가?"가
핵심 질문이다.

-오프라 윈프리

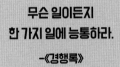

무슨 일이든지
한 가지 일에 능통하라.

-《경행록》

쇳덩이는 사용하지 않으면 녹이 슬고,
물은 썩거나 추위에 얼어붙듯이,
재능도 사용하지 않으면 녹슬어버린다.

-레오나르도 다 빈치

사람마다 각자 잘하는 것이
따로 있다.

-각유소장 (各有所長)

분명한 목표와 방향이 없는 노력과
용기는 낭비일 뿐이다.

-존 F. 케네디

우리는 종종 익숙함을 선호한다.
예를 들어 익숙지 못한 이야기를 들었을 때
우리도 모르게 비판의식이 차오르는 것처럼 말이다.

라이트 형제가 날아가는 새를 보며
"나도 하늘을 날 것이다"라고 얘기했을 때
주변 사람들의 반응은 과연 어땠을까?
세상은 항상 그렇게 발전해왔다.

남들과 다르게 생각하다 보면 남다른 결과를 낳을 수 있다.
강아지를 좋아하는 사람들을 위해
강아지를 키우는 사람들이 모여 사는 소위 '개 빌라'를 만들어 대박 난 사례에서 보듯
우리도 나만의 콘셉트를 정해보자.

# Mini Box

**만약 내가 집을 짓는다면, 어떤 사람들을 대상으로 특화된 집을 짓겠는가?**

처음 '헨리 포드'가
자동차를 만들려고 했을 때
사람들은 모두 그를 미친 사람 취급했다.

"누가 네 명밖에 못 타는 값비싼 자동차를 탄단 말이야?"

그 '미친 생각'의 결과는 이미 모두들 알고 있을 것이다.

"(영감이 있는 0.1%의 사람과 그것을 알아보는 0.9%의 사람)

즉, 1%의 사람이
세상을 바꾸고
나머지 99%의 사람들은
갈수록 세상이
좋아진다고 말한다."

✅ 내가 알고 있는 가장 놀라운 발명품은 무엇인가?

✅ 그 발명품이 탄생하기 위해서 기존과 다른 어떠한 '생각의 전환'이 필요했을까?

• 당신의 분야/업종에서 아무도 시도해보지 않은 콘셉트는 무엇인가?

• 가능성을 판단하지 말고, 자유롭게 9가지를 더 생각해보자.

1 〉〉〉

2 〉〉〉

3 〉〉〉

4 〉〉〉

5 〉〉〉

6 〉〉〉

7 〉〉〉

8 〉〉〉

9 〉〉〉

◎ 앞서 적었던 10가지 콘셉트 중에 내가 가장 하고 싶은 것은 무엇이며, 그 이유는 무엇인가?

◎ 그를 위해 내가 해야 할 일들을 구체적으로 써보자.

살면서 미쳤다는 말을
들어보지 못했다면
너는 단 한 번도 목숨 걸고
도전한 적이 없었던 것이다.

-W.볼튼

사람은 실패하기 위해서가 아니라
성공하기 위해 태어났다.

-헨리 데이비드 소로

우리가 이용할 수 있는 자원 중에서
끊임없이 성장과 발전을
기대할 수 있는 유일한 것은.
인간의 능력뿐이다.

-피터 드러커

협상은

비즈니스를 위한 것일 뿐 아니라

누구에게나 필요한 '인생의 기술'이다.


협상은 거창한 것이 아니다.

우리는 일상 속에서 늘 협상을 하고 있다.


용돈을 올려 받고 싶을 때, 혹은 같이 볼 영화를 선택할 때,

우는 아이를 그치게 할 때 모두 협상의 대상이 될 수 있다.

특히 직장에서는 크고 작은 협상들을 끊임없이 해야 한다.

---

**# Mini Box**

**일상 속 협상의 상황 예시를 2가지 이상 들어보자.**

1 »

2 »

---

**내가 원하는 결과를 이끌어내기 위한 효과적인 협상의 기술**

1. 상대방이 원하는 것이 무엇인지 정확히 파악하자.

2. 의사 결정권자에 대한 정보를 미리 분석하자.

3. 공통 목표를 찾으면 협상이 수월해진다.

4. 한두 가지 결과를 목표로 하지 말고

5. 최상의 결과를 이끌어낼 수 있는 다양한 방법을 찾아보자.

6. 무엇보다, 협상 기술보다 중요한 것은 상대에게 신뢰를 줄 수 있는 관계형성이다.

"세상은
거대한 협상 테이블이며,
우리는
모든 것을 협상화할 수 있다."
- 코헨

☑ 좋은 협상가의 자질은 무엇이라고 생각하는가?
5가지만 적어보자.

1 ≫

2 ≫

3 ≫

4 ≫

5 ≫

☑ 바로 앞의 p.31에 나와 있는 '내가 원하는 결과를 이끌어내기 위한 효과적인
협상의 기술 5가지'를 어떻게 접목할 수 있겠는가?

✅ **스스로 만족했던 협상의 경험을 적어보자.**

일상에서 ⟫⟫

업무에서 ⟫⟫

**· 그때 협상이 잘 이루어졌던 이유는 무엇이었는지 분석해보자.**

・협상에서 만족하지 못했던 결과를 얻은 적이 있는가?

일상에서 »»

업무에서 »»

・다음에 같은 상황이 다시 온다면, 무엇을 바꾸어보겠는가?

◉ 상사에게 일주일의 유급 휴가를 요청한다고 가정하고 실제 대화하듯 적어보자.

· 상사가 내게 휴가를 줘야 하는 이유는 무엇이며, 내가 내밀 수 있는 협상의 카드는 무엇인가?

· 이번에는 일상 속에서 일어날 수 있는 상황을 가정하고 실제 대화하듯 적어보자.

두려움 때문에 협상하지 맙시다.
그러나 협상하는 것을 두려워하지도 맙시다.

-존 F. 케네디

나는 해야 한다. 고로 할 수 있다.

- 임마누엘 칸트

# 한달만에
# 매출이 30배?

매출을 남다르게 올리려면 방법이 분명 바뀌어야 한다.

이때 중요한 것이 사고의 틀을 깨뜨리는 것이다.

**# Mini Box**

**만약, 당신에게 저렴한 물건을 주고 팔아오라고 한다면 어떤 방식으로 해보겠는가?**

위 내용은 수강생분들과 재미있게 실험을 했던 사례다.

어린이대공원 앞에서 저렴한 부채와 양말을 나누어주고

무엇으로든 값어치 있게 바꿔오라는 것이 이날의 미션이었다.

실험이 끝나고 전부 모였을 때 다들 즐거움이 얼굴에 가득했다.

그도 그럴 것이 이색적이게도 페이스페인팅을 얼굴에 받아왔다거나,

신발가게에 들어가 구두로 바꿔왔다거나

솜사탕, 삶은 계란, 선글라스 등등으로 바꿔왔기 때문이다.

물론 대부분은 시세 이상으로 돈을 받고 팔아왔다.
결과를 떠나 모두들 멋진 건, 안 해보던 경험을 용기 있게 해내고 시도했다는 점이다.
재미있는 사례가 다양하고 많으나 그중 두 가지를 공유해볼까 한다.


첫 번째 사례는 왁싱샵을 운영하는 대표님이었는데,
또 다른 왁싱샵에 들어가서 이렇게 얘기했다.

> "제가 왁싱샵을 여러 개 운영 중인데
> 최근에 매출이 많이 올랐거든요.
> 이 매장에서 어려운 점을 2가지 말씀해주시면
> 제가 해결해드릴 테니 저와의 식사권 사실래요?"

그러자 그분이 바로 카운터에서 10만 원을 꺼내주었다고 한다.


두 번째 사례는 세무사님인데, 커피숍에 무작정 들어가 세무 상담을 실시했고
그중에 한 분이 실제 세무를 맡기기로 했다고 한다.


위 두 사례가 시사하는 바는 무엇일까? 대부분 부채와 양말에만 초점을 맞췄을 때,
이 둘은 사고의 틀을 깨뜨렸다. 실제로 두 분은 '가치를 높였다 하여 〈워런버핏상〉,
'어딜 데려다 놓아도 살겠다며 〈봉이 김선달상〉'을 받았다.


# 혹시, 나는 어떤 사고의 틀을 갖고 있는가?

앞의 사례에서 나는 무엇을 느꼈는가?

나에게 '부채와 양말'에 해당하는 것은 무엇일까? 그것을 어떻게 바꿔보겠는가?

◎ 주변에서 사고의 틀을 깨뜨린 사례들을 찾아 적어보자.

◎ 이 모든 것이 실천하지 않으면 아무런 소용이 없다. 당장 실천해볼 만한 계획
을 세워보자.

인간은
마음 자세를 바꿈으로써
자신의 인생을 바꿀 수 있다.

-윌리엄 제임스

어제와 똑같이 살면서
다른 미래를 기대하는 것은
정신병 초기 증세다.

-알버트 아인슈타인

# 06 / 그가 대통령이
될 수 있었던 이유

중요한 것은 상황이 아니라 주어진 상황을 '어떻게 바라보느냐'다.

마음속에 품고 있던 상처에 대한 기억이 하나쯤 있을 것이다.
버락 오바마처럼 아버지 없이 홀어머니 밑에서 자랐을 수도 있고,
또 다른 위대한 지도자들처럼 어린 시절 학대를 받거나
가난한 시기를 보냈을 수도 있다.

---

**# Mini Box**

**수많은 위인들이 불우한 어린 시절을 보냈다는 사실을 알고 어떤 생각이 들었는가?**

자기 자신과 협상을 하자.
괴로운 상처나 트라우마에 휘둘러서도 안 되고
외면한다고 해서 그 기억이 없어지는 것도 아니다.

'왜 나에게 그런 일이 생긴 것일까' 되새겨보며
긍정적인 이유로 재조명하는 것이
진정한 나와의 협상이라고 할 수 있다.

자신과도 협상하라!
'그 일로 인해
얻게 된 것은 무엇인가?'
지금 바로 긍정적으로
재조명해보자!

✅ 운이 좋지 않은 상황을 겪었을 때 평소 나의 반응을 적어보자.

✅ 같은 상황을 긍정적으로 재조명한다면 반응은 어떻게 바뀔 수 있을까?

• 지금까지 극복하지 못한 과거의 상처를 떠올려보자.

• 나에게 왜 그런 일이 생겼을까 생각해본 적이 있는가? 지금 생각을 해보고 글로 정리해보자.

• 내가 겪은 상처로 인해 어떤 성장을 할 수 있을지 긍정적으로 답변해보자.

◉ 상처나 트라우마로 오히려 성장했던 경험을 떠올려보자.

· 나의 상처로 인해 다른 사람의 상처에 공감해줄 수 있었던 적이 있는가?
  있다면, 육하원칙으로 정리해보자.

· 나의 경험으로 인해 '세상을 바라보는 관점'이 달라졌다고 느낀 적이 있는가?

스티브 잡스가 말했다. "무엇인가를 잘하는 방법을 배우기 위해서는, 때로는 실패도 해봐야 합니다." 실패로부터 배운 것이 있다면 이 또한 성공이다. 지금까지 살면서 당신이 겪은 최고의 실패는 무엇인가?

삶에 대해 절망하지 마라.
우리에겐 어려움을 충분히 극복할 만한 힘이 있다.

-헨리 데이비드 소로

뒤를 돌아보는 일은 그만합시다.
우리에게는 내일이 중요합니다.
뒤를 돌아보면서
"해고당하지 않았으면 좋았을 텐데,
내가 거기 있었으면 좋았을 텐데,
내가 그것을 했어야 했는데…"라는 말은
아무 소용없습니다.
어제 있었던 일들을 걱정하기보다는
내일을 새롭게 창조하여 나갑시다.

-스티브 잡스

# 07

# 넌 치우는 건 하지 말고, 손님 관리랑 주문만 받아라!

몇 달 전의 일이다.

이 책의 전편인 《끌리는 사람은 매출이 다르다》를 읽고

매출이 올랐다며 더 많은 노하우를 배우고자 찾아왔던

한 안경원 대표님의 이야기다.

그 이야기 중 간단한 한 가지를 공유해볼까 한다.

---

**# Mini Box**

**어떻게 하면 손님 스스로가 고급렌즈를 선택하고 싶어질까?**

**(고급렌즈이다 보니 가격이 고가인 것이 함정)**

--------------------------------------------------------------------------------

예전에는 "손님, 비싸긴 하지만, 고급렌즈가 좋습니다!"라고
직접 권해서 거부감을 샀다면
지금은 질문을 통해 고객 스스로가 고급렌즈를 선택한다는 것!

질문의 요지는 다음과 같다.

손님, 뭐 하나 여쭤볼게요.
눈이 편한 것 찾으세요?
아니면 보편적인 것 찾으세요?

사람에 따라 질문을 할 때,
'눈이 편한 것' 대신에 다른 문장들로 대체할 수 있다.
중요한 건, 고객 스스로가 필요사항을 먼저 선택하도록 해줘야 하는 것이다.
그렇다면 나는 무엇을 질문할 것인가?

공부하려던 학생도 공부를
직접적으로 강요하는 사람 앞에선
연필을 내려놓고 싶은 법이다.
그들 스스로 연필을 붙잡게 하라!

◇ 누군가의 직접적인 권유로 거부감을 느꼈던 나의 경험을
　5가지 이상 적어보자.

1 »»

2 »»

3 »»

4 »»

5 »»

◇ 지금 내가 하고 있는 직접적인 권유에는 무엇이 있을까? 5가지 이상 적어보자.

1 »»

2 »»

3 »»

4 »»

5 »»

· 나는 다른 사람과 의견을 조율할 때 내 의견을 어떤 식으로 어필하는 편인가?

· 원하는 결과를 얻기 위해 어떤 식으로 질문해보겠는가?

◉ 만약 내가 식당의 주인이라면 가장 비싼 음식이 가장 맛있을 때, 그것을 어떻게 어필할 것인가?

· 손님이 그 결정을 '스스로 선택했다'고 생각하게 만들려면 어떤 화법을 써야 할까?

· 화법 외에 환경적으로 매출을 올릴 수 있는 방법에는 무엇이 있을까?
 (ex: 메뉴판 메뉴 순서)

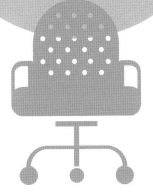

인간은 누구나 자기 두 손에
비상한 능력을 보유하고 있다.
자기의 능력을 제때 발굴하여
나름대로 유용하게 이용하는 사람이 되자.

-스탕달

# 08

# 욕망을 건드려라

사람에게는 누구나 인정받고 싶은 욕구가 있다.
현재 누군가와 협상을 해야 한다면 이 점을 꼭 기억하자.

상대의 마음속에 숨어 있는 기대 심리와 인정 욕구를 충족시켜줄 수 있다면
모두에게 좋은 결과를 맞이할 수 있을 것이다.

누군가에게 자신을 인정받는다는 것은
자신의 존재 이유가 충분하다는 것을 확인하는 일인 동시에
삶의 기폭제가 되기도 한다.

---

**# Mini Box**

**사람들이 SNS를 하는 이유는 무엇이라고 생각하는가?**

--------------------------------------------------------------------------

내가 상대에게 줄 수 있는 것은 무엇인가?
꼭 물질적인 것이 아니어도 된다.

나폴레옹이 1,500여 개의 훈장을 수여했던 것처럼
누군가를 인정해주는 것을 아끼지 말자.

내가 상대방이라면
나는 무엇을 기뻐하겠는가?
그 안에 답이 있다.

☑ 사람에게 의·식·주의 본능적 욕구 외에 또 어떤 욕구가 있을까?
아는 대로 적어보자.

☑ 사회에서 누군가를 인정하여 북돋아주는 장치에는 무엇이 있을까?
아는 대로 적어보자.

· 나는 어떨 때 스스로의 존재가 가치 있다고 느끼는가?

· 성장 과정에서 누군가에게 인정을 받아 뿌듯했던 기억을 떠올려서 적어보자.

· 누군가가 인정해주어, 나의 재능이 더욱 개발되었던 적이 있다면 적어보자.

• 나는 상대가 바라는 상황이나 대답이 무엇인지 미리 헤아리는 편인가?

• 상대에게 원하는 것이 있다면, 거꾸로 내가 상대방에게 줄 수 있는 것은 무엇인가?

• 상대를 인정할 수 있는 표현을 5가지 이상 적어보자.(배우자, 자녀 등등)

1 ≫

2 ≫

3 ≫

4 ≫

5 ≫

남이 나를
알아주지 않는다고 불평치 말고
내가 남을 알지 못함을 걱정하라.

-공자

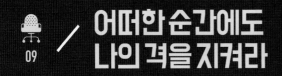

# 타인에게 존중받고 싶다면
## 자기 자신을 존중하라.
-발타자르 그라시안

당신은 평소에 다른 사람을 어떻게 대우하고 있는가?
그리고 당신은 어떤 대우를 받고 있는가?
혹시, 당신에게 무례하게 구는 사람이 있는가?
사람의 심리는 묘해서 그대로 두면 당신을 더욱 낮게 볼 것이다.

그러니 그럴 때는 적당히 끊어주고, 나의 격을 지켜내야만 한다.
어느 누구도 당신을 함부로 대하지 못하게 하라!

한 식당에서 아르바이트생에게 무례하게 구는 손님이 있었다.

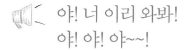 야! 너 이리 와봐!
야! 야! 야~~!

이럴 때 당신이라면 어떻게 하겠는가?
이 아르바이트생은 웃으며 다가가 이렇게 이야기했다.

아버님, 만약에 앞에 앉아 계신 따님이 대학생이 돼서
아르바이트를 시작했는데,
손님이 따님을 함부로 대했다고 하면 어떨 것 같으세요?

그랬더니 그 손님은 겸연쩍게 사과를 하고서, 예의를 갖춰주었다.
덕분에 고마움을 느낀 아르바이트생도 서비스를 더 신경 썼고
웃으며 식사를 마치게 되었다.
이미, 눈치챈 분도 있겠지만, 위 사례는 나의 대학 시절 이야기다.

내가 나의 격을 지켜야 다른 사람들도 나를 존중해준다.

☑ 매 순간 당당하게 임하려면 어떤 마음가짐이 필요할까?

☑ 내가 원하는 것을 포기하면서 상대방에게 필요 이상으로
   양보했던 기억을 떠올려보자.

◎ "호의가 계속되면 권리인 줄 안다"는 말이 있다. 선의로 베풀었다가 오히려 난감한 상황에 처했던 경험이 있는가?

· 왜 그런 상황이 생겼다고 생각하는가?

· 만약, 다시 그때로 돌아가면 어떻게 대응할 것인가?

· 이와 반대로 내가 누군가의 호의를 당연시한 적은 없는가?

• 어떤 상황에서든 당당해지기 위한 나 자신만의 주문을 10가지 만들어보자.

**자기 주문 01**

**자기 주문 02**

**자기 주문 03**

**자기 주문 04**

**자기 주문 05**

**자기 주문 06**

**자기 주문 07**

**자기 주문 08**

**자기 주문 09**

**자기 주문 10**

가장 용감한 행동은
자신을 위해 생각하고
그것을 큰 소리로 외치는 것이다.

-가브리엘 샤넬

내 자신에 대한 자신감을 잃으면
온 세상이 나의 적이 된다.

-랄프 왈도 에머슨

자신을 굽히는 사람은
남을 곧게 바로잡아줄 수 없다.

-맹자

# 2nd

# 01 / 딱 다섯 개만 팝니다

사람은 손에 넣기 어려운 것을 더 간절히 원한다.

'한정판'이나 '매진 임박'에 마음이 급해지는 이유를 생각해보자.
적은 판매 개수, 지금이 아니면 구하기 어려운 물건일 때
사람들은 그것을 더 원하게 되며 당연히 몸값은 올라간다.

---

**# Mini Box**

**희소성을 강조하는 마케팅의 예시를 떠올려보자.**

---

사람들은 희소성에 높은 가치를 둔다.
또한 어떤 기회를 잃어버리는 것에 대해서 두려움을 느낀다.
이러한 심리는 '존재의 희소성'에도 적용할 수 있다.

"원하시는 날에 언제든지 찾아가겠습니다"라고 말하는 사람과
"(저는 하루에 두 분만 관리해드리다 보니) 미팅 날짜는
1주 후에나 가능할 것 같습니다"라고 말하는 사람,
어떤 사람을 만났을 때 그 만남이 더 특별하게 여겨질까?

우리는 실제로도, 그리고 무의식적으로도
상대에게 도움을 주고 유익한 사람이 되어야만 한다.

내가 나 스스로의 값어치를
인정할수록
상대도 나를 소중하게 여긴다는
사실을 기억하자.

✅ 내게 필요 없는 물건이지만 희소성 때문에 마음이 끌렸던
 경험을 적어보자.

✅ 왜 그런 심리가 생긴 건지 생각해보고, 우리 일상에 숨어 있는 비슷한 사례들
 을 찾아보자.(ex: 전국을 들썩이게 했던 '허니버터칩')

· 소위 '나쁜 남자'들이 여자들에게 인기 있는 이유는 무엇일까?

· 일명 '밀당'의 긍정적인 면과 부정적인 면을 적어보자.

**Bonus 주하요~!**

사실, '나쁜 남자', '밀당'이라는 소재는 누군가에게는 흥미를 얻기도 하고, 얻지 못하기도 할 것이다. 그리고 나는 이렇게 생각한다. 우리가 그것을 쓰든 쓰지 않든 볼 줄 아는 눈은 분명히 필요하다고 말이다. 진정한 고수란 이미 많은 것들을 알고 있으나 자신과 타인에게 유익한 것만을 선택해서 쓰는 그런 사람이라고 여겨진다. 그러니 많이 배우되 분별력을 기를 것!

・상대방이 나를 '도움을 주는 유익한 사람'으로 여기게 하기 위한 방법을 5가지 생각해보
자.

1 ≫

2 ≫

3 ≫

4 ≫

5 ≫

무언가를 더 오래 기다릴수록
그것을 가졌을 때 더 감사할 거야.
그렇게 값진 것이라면
당연히 기다릴 만한 것이기 때문이지.

-수잔 게일

전편 《끌사매다》에서 소개했던
철학관과 만두집, 미용실 사례처럼

고객을 붙잡아둬라.
그러면 그 모습을 본 다른 사람이 내 고객이 된다!

〈백종원의 푸드트럭〉을 보면
그가 왜 요식업계에서 사업가로 성공했는지를 알 수 있다.

그는 장사가 안 되는 푸드트럭을 향해
"손님이 없어도 고기를 굽든 감자를 튀기든 하라"고 조언한다.
손님이 없다고 가만히 앉아 있으면 영영 제자리걸음이다.
냄새를 풍기든 재료를 보여주든, 자극을 만들어야 변화도 생긴다는 것이다.

---

**# Mini Box**

**나라면 손님이 오지 않는 푸드트럭에서 어떤 전략을 쓰겠는가?**

---

일이 내 뜻대로 풀리지 않는다면 하늘과도 협상해야 한다.
지금 하늘이 '방법 좀 바꿔보라'고 신호를 주고 있는 것일지도 모른다.
그 신호를 알아차리고 될 때까지 시도한다면,

분명 승승장구하게 될 것이다.

손님이 없으면 몸은 편해도 매출은 안 편하다.
몸이 힘든 쪽을 택하자, 선순환을 위하여!

# 어떤 방법으로든
## 자신이 '살아 있음'을
# 다른 사람이 알게 해야 한다.

# Think about

⌄ 사람들이 줄 서서 먹는 식당에 굳이 찾아와 기다리는 심리는 무엇일까?

⌄ 사람들의 '동조 심리'를 이용하는 마케팅의 예시를 떠올려보자.

✅ 만약 내가 가게를 개업한다고 가정해보자.
어떻게 대박 나는 가게를 만들 것인가?

• 줄 서서 기다리는 가게를 만들 수 있는 마케팅 전략을 3가지 적어보자.

1 ≫

2 ≫

3 ≫

• 고객들의 입소문으로 선순환을 만들 수 있는 마케팅 전략을 3가지 적어보자.

1 ≫

2 ≫

3 ≫

・야심 차게 시작한 일이 잘 풀리지 않았던 경험이 있는가?

・그때 나는 어떻게 상황을 호전시키고자 노력했는가?

・나의 노력에 하늘이 도와주었다고 느꼈던 순간이 있는가?

우리가 정말 포기하는 이유는
불가능해서가 아니라
불가능할 것 같아서다.

-시어도어 N. 베일

진짜 어려움은 극복할 수 있다.
정복할 수 없는 것은 상상 속의
어려움들뿐이다.

-시어도어 N. 베일

# 03 / 제갈공명은 사실 몸값 올리기의 타고난 귀재였다

《삼국지》의 유비는 제갈공명이라는 인재를 얻기 위해

그의 오두막을 세 번이나 직접 찾아가는

'삼고초려'도 마다하지 않았다.


만약 유비가 제갈공명을

자신이 있는 곳으로 불러냈다면

유비는 제갈공명의 귀함을 알 수 있었을까?


여기서 우리가 주목해야 할 점은

제갈공명의 유능함을 '미리 알고 있었다'는 점이다.


**# Mini Box**

유비가 제갈공명을 세 번째 찾아갔을 때는 어떤 마음이었을까? 그 간절함에 대해 상상해보자.

만나기 힘든 상대일수록,
힘들게 얻어낸 그 만남의 가치는 올라갈 수밖에 없다.

우리는 제갈공명처럼 '삼고초려 되는' 사람이 되어야 한다.
우리 자신의 몸값을 올리고
다른 사람에게 귀한 사람으로 여겨질 수 있도록 말이다.

자기 자신을 브랜딩하자.
일을 잘하는 것만이
전부가 아니다.

나의 핵심 역량을 끌어내
브랜드화 하는 것은
성공을 위한 필수 전략이다.

☑ 공을 들여 구했던 물건이나 상품이 있는가? 그것을 구했을 때 어땠는가?

☑ 만약, 그것을 쉽게 구할 수 있었다면 같은 마음이었겠는가?

✅ 만약, 유비가 제갈공명이 누구인지 모르는 상태에서 길을 가다가
우연히 마주쳤더라면, 이후에 제갈공명을 '삼고초려' 했겠는가?

✅ 내가 공을 들이지 않았기 때문에 '과소평가'된 사람은 없을까?

✔ 앞의 내용이 시사하는 바는 무엇일까? 나에게 어떻게 적용되겠는가?

자신을 믿어라.
자신의 능력을 신뢰하라.
겸손하지만 합리적인 자신감 없이는
성공할 수도, 행복할 수도 없다.

-노먼 빈센트 필-

# 그들은 어떻게 매출을 올렸을까?

친절하되 함부로 대할 수 없게 하라!

일상에서든 비즈니스에서든 우리는 수없이 협상을 하게 된다.
이때 자신을 깎아내리며
쉬지 않고 무언가를 제공하기만 해야 할 것 같은
압박감을 지니고 있는 경우가 있다.

간혹 상대방에게 나의 제안을 거절당할까봐
지레 겁을 먹거나 의기소침해지기도 한다.
그러나 서로의 관심사나 필요성에 대해 이야기하는 것일 뿐
서로의 인격체를 거절하는 것이 아니다.

---

**# Mini Box**

**협상할 때의 내 모습을 돌아보자. 무엇을 더 보완해주면 좋을까?**

--------------------------------------------------------------------------------

상반된 입장이라 하더라도
서로 간의 우호적이고 효율적인 방식으로 현명한 합의점을 찾아야 한다.

이때 우리는 모두 소중한 존재이니만큼
협상에 있어서도 서로 존중하는 관계가 되어야 한다.

우리는 상호 협상을 하는
사람이다.
나 자신을 낮추지 말고
자부심을 갖자.
존중받으면서도 얼마든지
협상에서 원하는 것을
얻을 수 있다!

• 비즈니스 관계에서 부당한 대우를 받았다고 느낀 경험이 있는가?

• 이에 관련하여 어떠한 생각의 전환이 필요할까?

• 고객에게 나는 어떤 존재라고 생각하는가?
  만약, 과거와 현재의 생각이 다르다면 둘 다 적어보자.

 과거

현재

✓ 택배 기사에게 쓰레기를 버리게 하거나, 세일즈맨에게 담배 심부름을 시키는 등 '갑질'에 대한 사회적 문제가 부각되고 있다. 서비스에서 서로 존중받기 위한 방법에는 무엇이 있을까?

• 세일즈맨이 존중받고 대접받을 수 있는 화법의 예시를 3가지 이상 들어보자.

1 »»»




2 »»»




3 »»»




• 상대가 나보다 우세한 상황에 있을 때 나를 함부로 대하지 못하게 하려면 어떤 태도를 보여야 할까? (답이 생각나지 않는다면 유튜브에서 주하효과 를 검색하고 영상을 본다면 도움이 될 것이다.)

상대방을 이해하라는 것이 무조건 그쪽 의견에 동의하거나
당신이 틀리고 그 사람이 옳다고 말하라는 게 아니다.

그 사람의 말과 행동을 인격적으로 존중해주라는 뜻이다.
상대방의 입장, 그 사람이 옳다고 믿고 있는 사실을
충분히 그럴 수 있다고 귀 기울이고 받아들이라는 것이다.

-조나단 로빈슨

남들이 당신을 어떻게 생각할까
너무 걱정하지 말라.
그들은 그렇게 당신에 대해
많이 생각하지 않는다.

-엘리노어 루즈벨트

# 05

# 줄을 서시오

2014년도 말즈음, 3평짜리 와플 매장을
5,000만 원의 권리금을 받고 팔았던 분이 있다.
그것도 석 달 안에 말이다.
그 노하우는 과연 무엇이었을까?

《끌사매다》본 편을 봤다면 알겠지만
바로 손님을 '줄 서게 한 것'이었다.
손님을 줄 세우면 매출이 저절로 오른다.
또한 오랫동안 줄 서서 기다린 사람들은 보상심리 때문에
처음 사려고 했던 것보다 더 많은 양을 사간다.

---

**# Mini Box**

**줄을 서서 기다리는 사람들은 어떤 심리를 경험하게 될까?**

---

또 하나, 돈을 들이지 않고
손님을 줄 세우기 위한 팁은 누군가를 정확하게 지목하라는 것이다.

예를 들어, 만약 길에서 도움이 필요한 상황에서
"도와주세요!"라고 외치는 것이 아니라
"빨간 티 입은 아저씨, 저 좀 도와주세요!"라고 말하는 것이
더 효과적인 것처럼.

사람들은 정확하게
지목당했을 때
자신도 모르게 그 지시를 따라
움직이게 된다.
당신이 원하는 바를
정확하게 지시하라!
"줄을 서시오."

# Think about

☑ 사람들이 줄을 서서 기다리는 가게는 다른 가게와 무엇이 다를까?

☑ 고객을 줄 세울 수 있는 마케팅 비법에는 또 무엇이 있을까?

• 내가 원하는 대로 상대방을 리드하는 말을 생각해서 적어보자.

• 내가 원하는 대로 상대방을 리드하는 제스처나 공간 선정을 생각해서 적어보자.

✅ **(수강생용) 어떻게 많은 고객들을 나에게 줄 세울 것인가. 배운 것을 응용하여 고객이 나를 찾게 만드는 법을 5가지 이상 적어보자.**

1 »»

2 »»

3 »»

5 »»

5 »»

네가 지금 어디에 있는지 생각하는 대신,
어디에 있고 싶은지 생각하라.

-빈스름 바르디

# 복장 하나로 수백만 달러를 벌어들인 사나이

06

많은 사람들이 입을 떼는 순간 협상이 시작된다고 생각한다.

하지만 협상은 얼굴을 보는 그 순간부터 시작이다.

사람들은 누군가의 말을 귀담아들을지, 안 들을지 무의식적으로 판단한다.

그리고 무의식은 외적인 이미지에 크게 영향을 받는다.

면접에서 그 사람이 붙을지 떨어질지는

처음 얼굴을 대면하고 3초 이내에 이미 결정된다고 한다.

그만큼 첫인상이 주는 이미지가 중요하다는 것이다.

# Mini Box

**중요한 거래처와 비즈니스 만남을 가질 때, 외적으로 어떤 준비를 하는 것이 좋을까?**

상대방과 얼굴을 마주했을 때
어떤 표정, 분위기, 제스처를 보여주느냐 하는 점은
나에 대한 첫 평가와 신뢰도에 큰 영향을 미치게 된다.
사람들은 외양으로 그 사람의 성격, 정서, 태도 등을 판단하기 때문이다.

어떤 이미지를 심어주느냐에 따라
사람들은 내 말의 신뢰도와 정확도를 판단한다.
상대방에게 비치는 내 모습이 어떠한지에 따라
협상의 흐름은 달라질 수 있다.

# 전문가처럼 보이고 싶다면
## 전문가처럼
### 입고 말하고 행동하자.

☑️ 누군가의 말을 귀담아들을지, 안 들을지 외적 이미지로 판단한
적이 있는가? 그 원인은 무엇이었는가?

☑️ 나는 사람들에게 어떤 이미지로 비춰지겠는가? 나를 돌아보자.

🔽 나의 복장이 스스로의 심리에 미치는 영향을 써보자.

🔽 상황에 따라 복장을 달리해야 한다면 어떻게 다르게 준비할 것인가?

· 전문가로 보이고 싶을 때 :

· 부드러운 인상을 남기고 싶을 때 :

· 그 외 내가 원하는 이미지 :

◉ 같은 복장을 입고도 남달라 보이는 사람들의 특징은 무엇이겠는가? 그들의 말과 행동은 어떻게 다른지 생각해보자.

◉ 남달라 보이는 내가 되기 위해, 무엇을 적용하겠는가?

옷이 인간을 만든다.

-마크 트웨인

첫인상을 결정짓는
중요한 요인은
그 사람의 행동거지, 옷차림, 말투다.

-에구치 가쓰히코

복장이나 스타일은
마음의 인상이다.

-쇼펜하우어

# 07

# 당신은 평소에 만지고 있나요?

때로는 열 마디 말보다 한 번의 스킨십이
감정적 의사소통을 효과적으로 전달할 수 있다.

이는 과학적인 근거가 있다.
뇌는 신체적 접촉을 정신적 접촉과 비슷한 자극으로 여기고,
처리하기 때문이다.

인간에게 있어 스킨십은 타고난 본능이며
정서적 교감을 나누기 위해 필요한 하나의 수단이다.

---

**# Mini Box**

**스킨십이 갖고 있는 장점에 대해 적어보자.**

피부의 감각을 통한 비언어적 커뮤니케이션은
단순히 연인 간의 애정표현뿐만 아니라
사람과 사람의 관계나 건강 증진에까지 효과를 주기도 한다.
하루 포옹 세 번만으로도 수명이 늘어난다고 하지 않는가.

얼굴을 마주하는 순간부터 타인과의 협상은 이미 시작됐다.
이때 상대방이 친밀감을 느낄 수 있는 환경을 조성해야 한다.
물론 상대가 허락하는 범위, 거부감을 주지 않는 선에서
친밀함을 전달할 수 있을 정도면 충분하다.

"이쪽으로 가시죠"라고 안내하는 경우
2초 정도의 짧은 터치로도 좋은 느낌을 전달할 수 있다.


스킨십을 효과적으로 사용하라.
그러면 친밀감
그 이상의 가치로 돌아온다!

☑ 스킨십이 주는 긍정적인 효과를 5가지 이상 적어보자.

1 ≫

2 ≫

3 ≫

4 ≫

5 ≫

6 ≫

7 ≫

8 ≫

☑ 가볍게 할 수 있는 스킨십의 종류를 5가지 이상 떠올려보자.

1 ≫

2 ≫

3 ≫

4 ≫

5 ≫

• 나는 평소 가족이나 연인에게 스킨십을 잘하는 사람인가?

• 가벼운 스킨십을 통해 호감도가 빠르게 높아졌던 경험이 있는가?

• 당장 스킨십이 어색하다면, 오늘부터 실천할 수 있는 가벼운 악수 등의 작은 노력을 5가지 정도 정해보자.

1 》》

2 》》

3 》》

4 》》

5 》》

'스킨십 마케팅'이란 고객이 직접 보고 느끼고 체험해보는 등 다양한 감각을 자극해 마음을 움직이는 것이다.

· 위의 사례에는 어떤 것들이 있는지 찾아보고, 왜 그런 것들이 활성화되고 있는지 생각해보자.
  (네이버 검색 N 스킨십 마케팅)

· 내 분야에서 스킨십 마케팅을 어떻게 활용할 수 있을까?

누군가와 서로 공감할 때
사람과 사람과의 관계는
보다 깊어져갈 수 있다.

-오쇼 라즈니쉬

# 08

# 어떻게 고래를
# 춤추게 할 것인가

"제아무리 성군이라도 충언 세 번이면 충신의 목을 날리고,
칭찬 열 번이면 간신도 충신으로 여긴다."

칭찬을 쑥스러워하는 사람은 있어도
칭찬을 싫어하는 사람은 없다.
사람은 누구든 자신의 존재감을 드러내고 싶어 하고
특별하게 여겨지고 싶어 하는 심리가 있기 때문이다.

다만 부자연스러운 과한 칭찬은 오히려 관계를 어색하게 만들기도 한다.
만약 누군가 만나자마자 칭찬부터 한다면
'나에게 무슨 의도를 갖고 접근하는 걸까?' 하는 생각이 들 수 있다.

---

**# Mini Box**

**첫 만남에서 부적절한 칭찬의 예시를 생각해보자.**

---

칭찬을 할 때에도 적절한 방법이 있다.

첫째, 과하게 하지 마라.

둘째, 구체적으로 들려줘라.

셋째, 근거를 제시해줘라.

넷째, 상대가 없는 자리에서도 좋게 이야기하라.

다섯째, 실망할 만한 이야기부터 꺼내 반전을 줘라.

평소 만나는 모든 사람에게서 좋은 점을 찾아내다 보면
점차 장점들이 잘 보이게 될 것이고
그러다 보면 내 삶 자체가 즐겁고 행복해지는
선순환을 느끼게 될 것이다.

가능한 진심 어린 마음을 담아,
되도록 구체적으로
자세하게 칭찬하도록 하자.
칭찬거리를 발견하는 것도
습관이다.

☑ 직장 혹은 가정에서 서로를 자주 칭찬한다면 분위기에
   어떤 영향을 미칠까?

☑ 내가 들었던 칭찬 중에 가장 좋았던 것과 그 이유를 써보자.

• 살며 들었던 말 중에 와닿지 않는 칭찬에는 어떤 것들이 있었으며,
 그 이유는 무엇이었을까?

• 내 나름대로의 칭찬의 법칙을 5가지 이상 만들어보자.

1 »»

2 »»

3 »»

4 »»

5 »»

• 내가 매일 마주치는 직장 동료 중 한 사람을 '구체적으로' 칭찬해보자.

이름 »

직위 »

칭찬하는 이유 »

• '가화만사성'이라고 했다. 가족들을 '구체적'으로 칭찬해보자.

이름 »

칭찬 »

이름 »

칭찬 »

나는 큰 소리로 칭찬하고
작은 소리로 비난한다.

-러시아 격언

우리가 한 것들에 대하여 받을 수 있는
가장 기분 좋은 보상은,
그것이 알려진 것을 보는 것이요,
우리를 명예롭게 하는 칭찬으로
박수갈채를 받는 것이다.

-장 바티스트 포클랭(몰리에르)

# 09 / "저, 잠시 화장 좀 고치고 올게요"

상대방이 내 이야기에 집중하지 못하거나
무언가 분위기가 점점 지루해지는 것 같을 때는
일종의 환기가 필요하다.

중요한 이야기를 하던 중이라도
잠시 이야기를 끊어가거나 재치 있는 유머를 던지면
그 뒤에 집중도가 더욱 올라갈 수 있다.

사람들은 자신이 들은 모든 이야기를 기억할 수 없다.
정말 전달하고 싶은 이야기가 있다면
듣는 사람의 반응을 내가 이끌어갈 수 있는 카드를 갖고 있어야 한다.

---

**# Mini Box**

**사람들이 내 이야기를 듣다가 지루해하는 표정이라면, 분위기 전환을 위해 어떤 한마디를 던지겠는가?**

---

상대방이 내가 원하는 제안을 거절할 때에도 분위기 전환을 꾀하자.

좌절하지 말고 다음에는 어떤 패를 내밀지 고민하라.

위기는 극복할 수 있다.

분위기 전환도 강력한 협상의 방법이다!


"인생에서 협상만큼
중요한 기술은 없다."
- 윌리엄 유리

· 분위기 전환이 필요한 시점에는 어떤 것들이 있을까?

· 분위기 전환 방법 중 하나로 유머가 있다. 내가 쓸 수 있는 유머를 준비해보자.

**Bonus 주하요~!**

혹시 스스로가 재미없는 사람이라고 생각되는가? 여기에 특효약을 하나 준비했다. 바로 내가 들었던 웃긴 말을 그대로 누군가에게 쓰는 것이다. 세상엔 웃긴 사람이 있는 것이 아니라 웃긴 말이 존재할 뿐이다. 살며 들었던 유머를 바로 위 질문에 기록해보자. 나는 어떤 말에 웃었던가. 그것이 열쇠가 될 것이다.

124

· 누군가와 처음 만나서 어색할 때 분위기를 편안하게 하기 위해 어떤 말을 하겠는가?

· 상대방이 내 이야기에 집중 못 하는 것 같을 때 어떻게 집중시키겠는가?

• 내 생각대로 펼쳐지지 않을 때는, 잠시 작전타임이 필요하다. 나만의 '작전타임용' 분위기 전환 방법을 생각해보자.

• 만약, 내가 판매하는 상품을 사려는 고객이 무리하게 금액을 깎아달라고 요구했을 때, 어떻게 대처하겠는가?

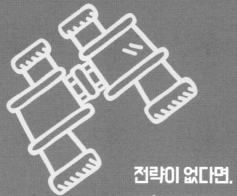

전략이 없다면,
방향 없이 제자리를 빙빙 도는
키가 없는 배와 같다.

전략이 없다면,
갈 곳을 잃은 떠돌이와도 같다.

-조엘 로스

# 3rd

# 골칫거리,
# 돈한푼안들이고해결하기

어느 아파트 단지에서 엘리베이터가 느리다며

주민들의 교체 요청이 들어왔다.

전체를 다 바꾸려면 큰 돈이 들 상황이었다.

이때, 어떻게 하면 돈을 들이지 않고 이를 해결할 수 있을까?

---

**# Mini Box**

**나라면 어떻게 해볼지 아이디어를 적어보자.**

---

해결점이 보였던 건 질문을 바꾸면서부터였다.

엘리베이터 공사비 절감을 고민한 것이 아니라

'어떻게 하면 엘리베이터를 느리다고 여기지 않을까?',

그리고 '기다리는 시간을 지루해하지 않게 할까?'로 질문을 바꾼 것이다.

그에 대한 해답은 '아파트 전체에 거울을 붙이는 것.'
그러자 놀랍게도 사람들이 거울로 자신의 모습을 점검하느라
기다리는 시간을 지루해하지 않게 되었다고 한다.

오늘날 엘리베이터 앞에 혹은 그 안에 거울들이
붙어 있는 이유를 찾을 수 있는 우리가 되었으니
주변을 관찰하며 꾸준히 보는 눈을 길러보자.

다른 사람의 행동을 내가 원하는 방향으로 이끄는 방법에는
여러 가지가 있다.

# 색다른 관점에서 생각하라.
# 의외로 협상 비용은
# 저렴해질 수 있다.

• 혹시 문제를 해결해야하는 경우가 있었는가? 그것을 어떤 식으로 해결했었는지 적어보자.

• 만약 그때, 지금 엘리베이터의 사례를 응용해본다면 어떤 식으로 질문을 바꿔보겠는가?

**Bonus 주하요~!**

사람들의 말보다 속마음을 들여다볼 줄 알아야 한다. 결국 엘리베이터 교체를 원했다기보다 기다리는 시간이 지루하지 않기를 원했던 것. 일상 속에서 말 이면에 숨겨진 속뜻을 들여다보는 훈련을 해보자.

⊘ 역발상을 이용한 마케팅 사례를 찾아보자.




⊘ 돈 들이지 않고 할 수 있는 마케팅 전략을 나에게 적용한다면 무엇을 해보겠는가?

# ★★★ 또 다른 사례

우리 수강생분들과 하는 말이 있다.

**당신이 만약 어떤 일에서 선두주자로 서게 된다면**

다음의 세 가지 벽을 만나게 될지 모른다.

첫째, "그게 되겠어?", "미친 거 아니야?"라는 말을 듣게 될 것이다.

둘째, 그 일이 잘되었을 땐 경쟁사들이 여기저기 생겨날 것이다.

셋째, 그러고 나면 경쟁으로 인해 가격이 무너질 것이다.

당신이 만약, 이런 상황이라면 어떻게 하겠는가?

.

.

.

이해를 돕기 위해 내가 참 좋아하는 지인분의 사례를 준비했다.

카트장을 운영하고 있는 이은주 대표님은 위에서 언급한 것처럼

선두주자로 시작해 가격 경쟁에 놓이게 되었다.

이때, 지혜로운 발상으로 가격 경쟁에서 벗어났고, 오히려 매출은 2배로 뛰었다고 한다.

그 발상은 다름 아닌 카트 외에 '다른 즐길 거리'를 함께 제공해주는 거였다.

사실 남들과 똑같기 때문에 가격을 비교하는 것일 뿐,

사람들은 더 많은 추억과 색다른 경험을 추구한다.

그 결과, 사람들은 이곳에서만 제공받을 수 있는 이색적인 의상을 입고 즐거워했고,

자발적으로 SNS에 입소문을 내기 시작했다.

#이것이바로입소문마케팅 #벽에부딪혔을땐문제를달리보세요
#남다른우리가되기를 #기적이생길거예유♥
#혹시나이색적인체험원하시면제주도성읍랜드gogo~!

의사소통에서
제일 중요한 것은
상대방이 말하지 않은 소리를
듣는 것이다.

-피터 드러커

벽을 허물어라.
나를 드러내어
인간적인 친밀감을 쌓아라.

가끔 상대방과 친해지고 싶어서 자신의 몸을 더 부풀리거나
화려한 옷을 더 껴입는 사람들이 있다.
하지만 사람들은 대부분
자신을 내려놓는 사람을 더 편안하게 생각한다.

보다 많은 사람들과 함께할 수 있다면

화려하게 치장하기보다는

오히려 자신의 약점이나 비밀을 내보이는 것도 방법이다.

**'상대와 가까워지고 싶다면 비키니를 입어라'는 결국 무슨 뜻인가?**

세상에 완벽한 사람은 없다.

저렇게 완벽해 보이는 사람도 실은 약점을 지니고 있고

나와 비슷한 존재라는 사실에 사람들은 '동질감'을 느끼게 된다.

그 동질감은 훌륭한 소통의 도구가 된다.

다만 듣는 사람의 반응에 의존하지 않아도 될 만큼

자신의 자존감을 깎거나 상처 입지 않는 약점이어야 한다.

진심으로 약점을 나누는 것은 강력한 효과를 발휘할 수 있다.

나의 비밀이나 약점을 조심스레 털어놔보라.

그리고 마음의 문을 열어 자신 있게 다가가라!

✅ 나의 이야기를 드러내는 것이 왜 때로는 관계에서 효과적일까?

✅ 사람들에게 털어놓을 수 있는 나의 비밀이나 약점은 무엇인가?

• 얘기할 때 어느 정도의 선을 지킬 것이며, 어떤 느낌으로 전달할 것인가?

• 그것을 털어놓음으로써 얻을 수 있는 효과는 무엇인가? (친밀감 유발, 유머로 작용 등)

대개 사람의 호감이란
먼저 남이 표시해준 것에 대한
반응으로서 나타나는 것임을 알아야 한다.
자기가 기다릴 것이 아니라
당신이 먼저 주라.

-로렌스

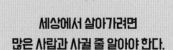

세상에서 살아가려면
많은 사람과 사귈 줄 알아야 한다.

-루소

우리는 누구나 남이 나를 좋아하기 바란다.
자신이 뛰어난 지식을
자랑하는 듯한 인상을 주는 태도는
결코 남의 호감을 얻지 못한다.

-로렌스 굴드

모든 사람에게 예절 바르고,
많은 사람에게 붙임성 있고 몇 사람에게 친밀하고,
한 사람에게 벗이 되고 누구에게나 적이 되지 말라.

-벤자민 프랭클린

같은 것을 같이 좋아하고
같이 싫어하는 것은
우정의 끈을 더욱 단단하게 옭아준다.

-실루스트

# 30초 안에 상대의 마음을 사로잡아라

**03**

"'내 말을 듣는 상대가 해야 할 행동,
그래서 얻게 될 이익'에 초점을 맞춰라.
말하기 훈련이 부족한 사람은 자기가 하고 싶은 말,
중요하다고 여기는 메시지에만 온통 관심을 쏟는다."

사람들은 누구나 자신에게 도움이 되는 사람을 좋아한다.
꼭 물질적 이득이 아니더라도 감정적 교류나 평안,
위안, 즐거움을 주는 사람과 어울리게 된다.

---

**# Mini Box**

**나는 어떤 사람에게 호감을 느끼는가?**

---

주변에 사람을 모으기 위해서는
딱 한 가지 키워드를 먼저 생각하면 된다.
"이득 제시."

30초 안에 상대방의 마음을 사로잡으려면
내가 상대에게 도움을 줄 수 있는 존재라는 사실을 인식시켜야 한다.

'무엇을 전할까'가 아니라
'어떤 것이 상대방의 마음을 움직일까'를 생각하라.

머릿속에 나에 대한
주요 키워드를 넣어두고
적재적소에 맞게 빠르게 조합하여
나를 소개하자.
30초 안에 상대방에게
나를 각인시켜야 한다.

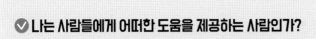 나는 사람들에게 어떠한 도움을 제공하는 사람인가?

• 내가 그들에게 실질적으로 줄 수 있는 것에 대하여 크게 3가지로 나누어 정리해서 적어보자.

1 ≫

2 ≫

3 ≫

• 나의 강점을 어필할 수 있는 키워드를 10가지 이상 뽑아보자.

1 》》

2 》》

3 》》

4 》》

5 》》

6 》》

7 》》

8 》》

9 》》

10 》》

• 키워드를 바탕으로 나를 소개할 수 있는 '이득 제시' 문장을 만들어보자. (최소 3가지)

1 》》

2 》》

3 》》

◉ **30초 안에 나를 각인시킬 소개말을 적어보자.**
  (전편 《끌사매다》 예제 참고. p.105)

• 나는 고객들에게 궁극적으로 어떠한 이득을 제공하는 사람인가?

내 이익뿐만 아니라
타인의 이익에도 신경을 써라.
나에게만 집중되는 이익은
결코 오래갈 수 없기 때문이다.

-볼테르

# 대통령 후보들이 대선 때 쓰는 비밀스러운 방법

04

우리가 평소 일일이 의식하고 있지는 않지만
무의식적으로 쓰는 단어나 행동으로 인해
그 결과는 천차만별로 바뀐다.

나에 대해 말할 때는 긍정적인 단어를 쓰자.
전문가, 신뢰, 믿음, 확신 등의 단어를 언급하며
은근슬쩍 자신을 지목하는 것이다.

고객과 이야기할 때 긍정적인 단어들을 연속적으로 배치하면
자연스레 상대는 나를 긍정적으로 인식한다.

---

**# Mini Box**

**내가 평소에 쓰고 있는 말들을 떠올려보고, 긍정인지 부정인지 체크해보자.**

| | |
|---|---|
| 1 》 | 2 》 |
| 3 》 | 4 》 |
| 5 》 | 6 》 |
| 7 》 | 8 》 |
| 9 》 | 10 》 |

자신의 잠재의식에게도 긍정을 심어주자.
내 안의 모든 의구심들이 "나는 할 수 있어!"로 바뀌도록 말이다.

일단 잠재의식이 활성화되면
그것은 목표, 선택, 행동들이 이루어질 때까지 지속성을 가진다.

말에는 행동을 독려하는
엄청난 힘이 숨어 있다.

내가 접하는 단어 하나하나가
알게 모르게 나의 행동을
지배한다는 사실을 기억하자.

✅ 오늘 나를 지배했던 단어들은 무엇인가? 나열해보자.

✅ 말이 행동에 영향을 미칠까? 그렇다면, 그 이유는 무엇인가?

✅ 나의 잠재의식에 긍정을 심어줄 수 있는 방법에는 무엇이 있을까?

✅ 다른 사람과 이야기할 때 쓸 수 있는 긍정적 단어들을 나열해보자.

**Bonus 주하요~!**

결국 말이 바뀌려면, 생각이 먼저 바뀌어야 한다. 이것을 꼭 기억하자! 긍정적인 생각은 긍정적인 말을 낳고, 긍정적인 말은 긍정적인 행동을 낳고, 긍정적인 행동은 긍정적인 습관을 낳고, 긍정적인 습관은 긍정적인 인생을 낳는다!

・잠재의식이 주문한 대로 이루어지는 경험을 한 적이 있는가? 사소한 것이라도 적어보자.

・내가 궁극적으로 이루고 싶은 모습을 구체적으로 시각화해보자. 그림으로 그려도 좋다.

난 어떠한 상황에도
쾌활하고 행복하기로 마음을 먹었다.
우리 삶의 많은 부분은 상황이 아니라,
우리 태도에 의해 결정된다는 걸
살면서 깨달았기 때문이다.

-마사 워싱턴

# 05 / 자네, 내 호텔 한번 맡아보겠나?

*말을 잘하는 것은 재능이 아니라 기술이다. - 사사키 게이치*

상대를 내 편으로 만드는 간단한 방법이 몇 가지 있다.

첫째, '우리'라는 단어를 쓰는 것.
둘째, 상대의 관점에서 체험하고 생각하는 것.
셋째, 표현을 인색하게 아끼지 않는 것.

특히 인정에 대한 표현을 아끼지 말자.
내 머릿속에만 있는 생각은 절대 상대방에게 전해질 수 없다.
말하는 나도 기쁘고, 듣는 상대도 기쁘다면
주저해야 할 이유가 없지 않겠는가.

---

**# Mini Box**

**누구에게나 인정해줄 만한 장점이 있다. 누군가를 인정해주고 기분이 좋았던 경험을 적어보자.**

---

말 한마디에 천 냥 빚도 갚는다고 했다.
긍정적인 진심은 자꾸 밖으로 표출되어야 한다.

자신의 가치를 인정해주는 상대에게는
누구나 쉽게 마음을 열게 된다.
주고받는 둘 다 기쁘고 덤으로 내 제안에 대한
긍정의 답변이 돌아올 확률도 훨씬 높아진다면…,
어떤 말을 주고받겠는가.

# 충고는 짧게,
# 칭찬은 길게 하라.
# 인정받고 싶으면
# 상대를 인정하라.

☑ '우리'라는 단어를 사용한 문장을 5가지 이상 만들어보자.

☑ 내가 살며 들었던 기분 좋은 말을 5가지 이상 적어보자. 그때. 상대방에 대한
호감지수는 어땠는가?

· 마음에서 우러나오지 않는 과한 인정은 진심이 느껴지지 않는 법이다.
  어떤 인정이 과한 것이며, 칭찬과 아첨의 차이는 무엇인지 적어보자.

· 내 주변 사람들 3명을 골라 그들 각각의 장점을 인정해주는 멘트를 적어보자.

1 »»

2 »»

3 »»

◉ 만약 내가 팀장이라면 함께 일하고 있는 사람들을 어떻게 인정해주겠는가?
아침 인사 멘트를 적어보자.(최소 3가지)


1 »


2 »


3 »




◉ 진심을 알아주고 재치 있게 표현하는 것은 가족 관계에서도 유용하다. 잔소
리라 생각되는 말조차 인정의 말로 바꿔서 돌려줘보자. (ex : "그래도 나 생각
해주는 건 가족밖에 없네요"처럼. 전편 p.116 참고)

성실하게 시인하고
칭찬을 아끼지 마라.

-카네기

친절은 세상을 아름답게 한다.
모든 비난을 해결한다.
얽힌 것을 풀어 헤치고,
곤란한 일을 수월하게 하고,
암담한 것을 즐거움으로 바꾼다.

-톨스토이

# 06

# 당신이 모르고 있는
# 당신의 원초적 본능

사람은 환경의 영향을 쉽게 받는다.

전편《끌사매다》에도 나와 있듯이

불편한 의자에 앉아 있느냐, 편안한 소파에 앉아 있느냐에 따라

상대방의 말에 얼마나 몰입하느냐의 결과도 달라진다.

---

**# Mini Box**

**무의식적으로 반복하는 나의 습관에는 어떤 것들이 있는가?**

---

우리가 하루에 행하는 행동 중 70~80% 이상이
무의식적으로, 습관적으로 이루어진다고 한다.
정도의 차이는 있지만, 누구나 무의식의 영향을 받게 되어 있다.

의식적으로 어깨를 펴고 당당한 자세로 걷고,
상대와 더 친밀해질 수 있는 환경을 조성하고,
긍정적인 단어로 상대가 나를 신뢰할 수 있도록 하자.

# 무의식의 영향을
## 잘 활용한다면
# 상대방은 내 말을
## 보다 귀담아듣게 된다.

☑ 몸을 긴장시키며 상대방의 말을 귀담아듣게 되는 장소의 예시를
떠올려서 적어보자.

☑ 몸이 느긋하게 풀리며 업무적인 느낌보다 친밀함을 느끼게 되는 장소의 예
시를 적어보자.

• 우리 주변에서 무의식적으로 내 말을 수용하게 하는 장치에는 무엇이 있을까?
계약을 혹은 만남을 성사시킬 수 있는 '결정적 한마디'나 장치를 적어보자.

1 »»

2 »»

3 »»

4 »»

5 »»

• 스스로 혹은 상대방에게 부정을 심어주는 것들이 있는가?

• 어떻게 고칠 것인지 계획해보자.

• 긍정적인 생각을 하기 위해 늘 눈에 보이는 곳에 붙여두고 싶은 나의 다짐을 적어보자.

만일 의식적으로 좋은 습관을
형성하려고 노력하지 않으면
자신도 모르는 사이에
좋지 못한 습관을 지니게 된다.

-디오도어 루빈

젊음의 잘못된 습관을
치료할 수 있는 유일한 의사가
바로 시간이다.

-그라시안

습관은 나무껍질에 새겨놓은
문자 같아서
그 나무가 자라남에 따라 확대된다.

-새뮤얼 스마일스

# 07

# 한 시간 실랑이하는 여자 vs 5분 만에 끝내는 여자

사람들은 누가 떠밀어서 선택하는 게 아니라
스스로 선택하고 싶어 한다.

청소하려고 했는데 엄마가 "청소해라" 하는 순간,
그 마음이 싹 사라지는 것과 마찬가지다.
억지로 밀어붙이듯 강요하는 대화 방식은
결코 성공할 수 없다.

내가 하고 싶은 말이 많다고 해서
그 설명이 너무 길어져서도 안 된다.
이야기가 길어진다 싶은 순간,
상대방은 이미 머릿속으로 다른 생각을 하고 있다.

---

**# Mini Box**

**회식하고 늦게 귀가한 배우자와 어떻게 대화하겠는가?**

---

혼자서 설명하고 설득하려고 애쓰지 말고
질문으로 상황을 '설계하자.'

오히려 질문을 던질수록
상대방은 스스로 생각하고 답을 찾을 수 있다.

우리가 해야 할 일은 상황을 바꾸는 것이다.
설득보다는 납득시키고,
내 패를 전부 드러내지 말고 은근한 아우라를 풍겨라.

*선택은*
*상대가 하는 것이다.*

*우리는*
*'상대의 선택을 설계'해야 한다.*

현명한 대답을 원한다면
합리적인 질문을 하라.
-괴테

✅ 누군가가 나를 설득하려 한다고 느낀 적이 있는가?
그때 어떤 느낌을 받았는가?

✅ 나는 사람들에게 설명과 질문을 어느 정도의 비율로 하고 있는가?

☑ 모든 건 상대방이 스스로 생각하도록 했을 때 가장 강력하다!
왜 그런 것일까?

☑ 만약 누군가에게 못 받은 돈이 있을 경우. 어떻게 얘기하고 싶은가?

**Bonus 주하요~!**

일반적으로 우리는 돈을 갚지 않는 사람에게 우리가 어떻게 생각하고 있는지를 얘기한
다. 사실 그보다 자신이 어떻게 보일지 스스로 생각하게 질문을 던지는 것이 더 효과적
이다. 예를 들어, "돈 약속을 자꾸 지키지 않으면 그 사람이 어떻게 보일 것 같나요?"처
럼 말이다. 혹시 못 돌려받은 것이 있는 분이라면, 한번 응용해보시길….
왜냐하면 실제 김군은 못 받은 돈을 돌려받았고, 정군은 밀린 월급을 받게 되었던 방법
이기 때문에….

◉ 고객이 쉽게 구매를 결정할 수 있는 질문에는 무엇이 있을까? 한 가지 판매
품목을 자유롭게 정하여 대화체로 적어보자.

· 구매했을 때 얻게 되는 이익에 대해서 질문 형식으로 말해보자.

· 구매하지 않았을 때 생기는 손해에 대해 질문 형식으로 말해보자.

깨달음을 주는 것은
대답이 아니라 질문이다.

-외젠 이오네스코

질문을 멈추는 순간
당신은 바보가 된다.

-찰스 스타인메츠

컴퓨터는 쓸모없는 물건이다.
그저 대답만 할 줄 안다.

-파블로 피카소

# 정곡을 꿰뚫는 자가 미녀를 얻는다

우리는 때때로 누군가와 소통할 때

상대방의 의도를 자기 식대로 해석하고

결론짓는 실수를 하곤 한다.

상대방이 거절하는 이유를 정확히 파악하자.

자신의 주관적인 판단이 아니라

"왜?"라는 질문을 던져 진짜 이유를 알아내야 한다.

---

**# Mini Box**

**내 기준으로 상대를 판단했다가 실수한 경험이 있는가?**

---

우리는 76억 명 중의 한 명에 불과하다는 걸 잊지 말자.
내 주관대로 상대방을 평가하지 말고
나를 내려놓고 상대의 이유에 순수하게 집중해야 한다.

상대방의 관점에서
바라보는 것이 바로
협상의 핵심을
꿰뚫는 중요한 기술이다.

상대방의 말을 듣고 그 뜻을 잘못 해석한 적이 있는가?

나는 누군가의 가려운 곳을 제대로 긁어주고 있는가?

◉ 어떻게 하면 상대방의 진짜 가려운 곳을 알 수 있을까?

◉ 나와 생각이 다른 사람을 대할 때 억지로 내 생각을 강요한 적은 없는지 생각 해보자.

175

✅ 상대방이 제안을 거절하는 이유를 파악하기 위해서는 어떤 질문을 던져야 할까?

✅ 상대의 거절 이유를 해결하고 다시 제안하는 상황을 가정해서 대화 형식으로 적어보자.

중심을 찌르지 못하는 말은
차라리 입 밖에 내지 않느니만 못하다.

-《채근담》

섣불리 예상하지 마라.
특히 미래에 대해선….

-케이시 스텐겔

모든 사람이 진실을 말하는 법을 배우기 위해서
다 같이 진실에 귀 기울이는 법을
먼저 배워야 할 필요가 있다.

-사무엘 존슨

# 기피 대상 1호 '근데'

'그런데'와 '그리고'의 차이를 아는가?

상대가 내 말에 반박하는 느낌을 주는 '그런데',
반대로 수용하는 느낌을 주는 '그리고',
이 두 가지 단어는 결과적으로 큰 차이가 있다.
'아니, 그런데, 그게 아니고'라고 말하는 사람과는 대화가 뚝뚝 끊기게 된다.
그리고 이것은 상대방을 돕기 위해 조언을 해줄 때도 마찬가지다.

사람들은 대부분 자신을 존중해주는 사람의 말을
더 수용하고 싶어지기 마련이다.

---

**# Mini Box**

**나는 조언을 해줄 때, 어떤 식으로 이야기를 시작하고 있는가?**

---

내가 아무리 상대방을 생각하는 마음으로 조언해준다 한들
"근데 있잖아요" 혹은 "근데 그것보다"라는 말로 시작하게 된다면
상대방은 귀담아듣지 않을 것이다.
왜냐하면 자신의 생각이 비판받는다고 느끼기 때문이다.

그래서 고안하게 된 말이 하나 있다.
앞으로 누군가에게 얘기를 들려주고 싶다면 이렇게 시작해보자.
"그 부분 참 좋네요~! 그리고 이 부분까지 더 추가해보면 어떨까요?"라고 말이다.

상대를 인정해줬을 뿐 아니라,
거기에 하나를 보태는 정도로 느껴지기에 기꺼이 수용하게 될 것이다.

왠지 모르게 자꾸 대화하고
싶은 우리가 되기를….

✅ 상대의 말에 공감해주었을 때 어떤 효과를 얻을 수 있을까?

✅ 상대의 말을 수긍하고 인정하는 말을 3가지 이상 생각해보자.

1 »»

2 »»

3 »»

✅ 알고 있어도 실천하지 않으면 소용이 없다. 상대의 의견을 인정하고
　내 생각을 표현하는 연습을 해보자.

· 주말 일정에 대해 가족과 의견이 다르다면 나는 어떻게 협상하겠는가?

· 상대를 존중하며 부드럽게 협상을 이끌어가기 위한 나의 구체적인 노력을 5가지 이상
　다짐한 후 적어보자.

　1 》》

　2 》》

　3 》》

　4 》》

　5 》》

상대를 설득하고 싶다면
호감도를 높이는 것 또한
반드시 연마해야 할 기술이다.
사람은 누구나 자신이 좋아하는 사람과
비즈니스를 하고 싶어 하기 때문이다.

-데이브 라카니

우리가 논쟁을 벌이고 남을 이기려 할 때,
비록 승리를 거둔다 하더라도
얻는 것보다 잃는 것이 더 많을 것이다.
왜냐하면 논쟁으로는
절대 상대방의 호감을 얻을 수 없기 때문이다.

-벤자민 프랭클린

4장

# 4th

# 01 / "저, 샤넬 쓰는 여자예요!"

*부자처럼 생각하고 부자처럼 행동하라.*

부자에게는 특유의 마인드가 있다.
가난한 마인드를 버리고 부자의 마음가짐을 갖자.
눈에 보이는 돈을 벌려면
우선 눈에 안 보이는 마인드를 먼저 바꿔야 한다.

부자는 평범한 일상 속에서도 기회를 찾는다.
항상 배우고 성장하는 사람은 부유해질 가능성이 크다.

부자는 만물에서 기회를 보고,
빈자는 만물에서 장애를 본다.

---

**# Mini Box**

**나는 매일 배우고 성장하기 위해 어떤 노력을 하는가?**

---

실제로 부자가 되었다는 생각으로 매사에 임하면
인생의 계획을 세우는 데 있어 다른 자세를 갖게 될 수 있다.
눈앞의 문제보다 목표에 보다 집중할 수 있기 때문이다.

부자는 문제보다 목표에 집중하고,
가난한 사람은 목표보다 문제에 집중한다.

거울을 보고 이렇게 여러 번 반복해서 말해보자.

"나는 매일 모든 면에서
풍요로워지고 있다."

• 백만장자의 마인드란 무엇이며, 나의 마음가짐은 어떠한가?

☑ 갖고 싶은 게 어떤 것인가? 전편의 '공원' 이야기처럼(p.139) 이미 가졌다고 생각하고 써보자.

◉ 부자라는 것이 꼭 돈만을 뜻하지는 않는다. 시간이든 인맥이든 마인드이든
   당신은 어떤 부분에서 부자가 되고 싶은가?

◉ 나는 부유해지는 것을 통해서 궁극적으로 어떤 삶을 살고 싶은가?

◉ **부자가 되기 위한 부자의 마인드를 적용해보자.**

· 나의 생각 중에 부자가 되는 것을 막는 생각에는 어떤 것이 있는가?

· 앞으로 내가 되뇌며 추구할 부자가 되는 마인드를 10가지 적어보자.

부자처럼 생각하고 부자처럼 행동하라.
나도 모르는 사이에 부자가 되어 있다.

-이건희

부는 마음의 상태이며,
누구든지 풍부하게 생각하는 것에 의해
부유한 마음의 상태를 가질 수 있다.

-에드워드 영

# 단번에
# 1,000만 달러 번 남자

'피겨 여왕' 김연아 선수는
어린 시절에 가족들과 아이스쇼를 보고 나서
피겨 선수가 되겠다는 꿈을 정했다.

그리고 그날 저녁, 그 꿈을 일기장에 쓰고
담임선생님에게도 편지를 썼다.

'스케이트를 열심히 타서 국가대표 선수가 되어야겠다.
세계 최고가 되고 싶다.'

모두가 알다시피 물론 그녀는 그 꿈을 이루었다.

---

**# Mini Box**

**나는 꼭 이루고 싶은 꿈이 있는가?**

나의 스승님은 꿈을 매일 세 번씩만 적으면 이루어진다는 말을 해주셨다.
내가 원하는 것을 잊지 않고 여러 번 되뇌이며 떠올리는 것이 핵심이다.
'말'로 하면 허공에 흩어지지만, '글'로 쓰면 역사가 되어 새겨진다.

우리들의 의식은
안테나와 같다.
이런 식으로 되고 싶다고
생각한 순간,

뇌는 그에 어울리는 것들을
펼치고, 모으고, 이뤄낸다.

✅ 불가능해 보이는 꿈을 실현하는 사람들이 있다.
  그 비결은 무엇일까?

✅ '생각하고 지나가는 것'과 '글로 적고 소리 내어 말하는 것'은 어떻게 다를까?

· 나는 내 꿈에 대해서 얼마나 자주 생각하고 그려보는가?

· 나는 꿈을 이룰 수 있다는 믿음을 가지고 있는가?

· 무언가를 바랐던 적이 있는가? 그리고 그것이 이루어졌던 경험이 있는가?
 미래에도 그렇게 될 것이다. 반드시!!

◎ 내가 원하는 모든 것이 이루어진 미래가 되었다고 생각하고 일기를 써보자. 아주 구체적으로.

가진 것이라고는 열정밖에 없던 대학생 아르바이트 시절, 나는 밤마다 상상의 나래를 펼치곤 했다. '그날의 힘든 일을 기록해봐야 무엇이 남겠는가'라는 생각으로 내가 원하는 미래를 적기 시작했다. 일기장 속에서 난 내가 원하는 곳 어디든 갈 수 있었고, 원하는 모습이 어떤 것이든 될 수 있었다.

**현재 나의 상황이 마음에 들지 않는가? 그렇다면 마음껏 꿈을 꾸어라.**
대부분 원치 않는 힘든 생각을 하느라 시간을 허비한다. 현실에서 벗어나 좋은 생각으로 채워나가보자. 묘하게 기분이 더 좋아질 것이다. 내가 긍정과 부정 어느 쪽에 집중할지는 나에게 달려 있기 때문이다. 심지어 필요한 것은 놀랍게도 종이와 펜이 전부이니.

할 수 있다고 믿는 사람은
그렇게 되고,
할 수 없다고 믿는 사람 역시
그렇게 된다.

-샤를 드골

사람들의 말을 무조건적으로 수용하지 마라.

그것은 그 사람의 생각일 뿐,

그것이 꼭 '유일한 답'이 아닐 수 있기 때문이다.


한 여름날 저녁, 지인들과 고기를 먹으러 갔는데

야외 캠프장처럼 꾸며놓은 가게였다.

먹던 도중에 지인 중 한 명이 갑자기 춥다고 얘기했다.

'덮을 것이 있을까?' 하는 마음에 점원에게 다가가 물었다.

"여기 혹시 담요 있나요?" 그랬더니 점원은

"아니요, 여름이라 없어요"라고 얘기했다.


---

**# Mini Box**

**만약 이런 상황이라면, 당신은 어떻게 하겠는가?**

---

결론만 이야기하자면,

나는 결국 담요를 찾아 지인에게 덮어줄 수 있었다.

그 이유는 담요가 있다고 말해주는 점원을 만날 때까지 물어봤기 때문이다.

혹, 폐를 끼친다는 생각으로 '거절의 두려움'을 합리화하고 있지는 않은가?

사실, 담요를 빌려달라는 말이 폐를 끼쳐봐야 얼마나 끼치겠는가?

삶의 태도를 바꾸자.

어떤 사람이 안 된다고 했다면, 그것은 "나는 안 돼요"이거나,

"아직은 안 돼요"인 경우가 대부분이다.


세상은 넓고 사람은 많다.

된다고 하는 사람을 만날 때까지 계속해서 물어봐라.


# 원하는 것이 있다면,
## 쟁취할 때까지 도전하라!

# Think about

✅ 내가 원하는 것을 위해 반대를 무릅쓰고 도전해본 경험이 있는지 생각해보자.

✅ 사람들은 왜 우리의 결정이나 도전을 반대하는 것일까?

**Bonus 주하요~!**

촌사람인 내가 처음 '서울 상경의 꿈'을 꿨을 때 주변에서는 거의 모두 반대를 했다. 이유는 무엇일까? 여러 가지 이유가 있겠지만, 사람들은 대부분 변화를 좋아하지 않는다. 내가 좋아하는 사람이 내 곁을 떠난다거나, 내가 경험해보지 못한 다른 환경을 접하는 것, 혹시나 도전했다가 실패하지 않을까 하는 두려움 등등 여러 가지 이유로 반대를 한다. 그리고 만약 그때 나와 같은 상황에 있는 사람이 아니라 이미 서울로 상경하여 성공한 사람에게 조언을 구했다면 뭐라고 얘기했을까? 아마 서울은 좋은 곳이라며 빠른 시일 내에 상경하라고 했을 것이다. 이와 같이 누구에게 조언을 얻느냐에 따라 답이 달라진다. 그러니 내가 닮고 싶거나 이미 이뤄놓은 사람에게 조언을 구하라. 조언자의 모습을 닮아가게 될 것이기 때문이다.

앞으로 "안 된다"라고 말하는 사람을 만났을 때 어떻게 해석하겠는가?

내 도전에 확신을 가지려면, 스스로에게 어떤 얘기를 들려줘야 할까?

현실이 중요한 것이 아니라
당신이 그것을 어떻게 해석하고
무엇을 하느냐가 중요한 것이다.

-웨인 다이어

행동하는 사람 2%가
행동하지 않는 사람
98%를 지배한다.

-지그 지글러

# 일본 최고의 부자가 말하는 간단한 대인관계법

웃어라, 온 세상이 너와 함께 웃을 것이다.
- 엘라 휠러 윌콕스

사람들은 밝고 환하고 즐거운 것에 절로 끌린다.
사람을 모으려면 밝게 인사하고 긍정적인 말을 하자.
내가 먼저 밝고 힘찬 사람이 되어야 한다.

---

**# Mini Box**

**주변에 늘 사람이 모이는 사람은 어떤 특징이 있는지 떠올려보자.**

---

얼마 전 한 대표님께서 이런 말씀을 하셨다.
우리가 사회생활을 하면서 사람 때문에 스트레스를 받지만,
정작 상대방은 그런 줄 모르고 잘 살아간다고 말이다.
우리가 힘든 건 좋고 싫고를 나누거나, 나와 닮은 사람과 다른 사람으로 나누는
흑백논리 때문 아닐까?

흑백이 아닌 정신적 회색지대를 만들어보자.
유연한 삶을 위해 훈련하다 보면
누구나 밝아질 수 있고 누구와도 원만한 관계를 유지할 수 있다.

그 노력은 틀림없이 내 삶의 질을 바꿔놓을 것이다.

인간관계의 성패는
정신적 유연성에 달려 있다는
사실을 명심하자!

✅ 나와 사이가 안 좋은 사람이 있다면, 나의 판단을 지우고 상대방의
입장에서 상황을 분석해보자.

✅ 위 사례에서 내가 상대방에게 잘못했던 부분을 꼭 찾아내야 한다면 그것은 무엇
이었는가?

**Bonus 주하요~!**

나의 경우, 상대방이 이해가 되지 않을 땐 '내가 다른 사람에게 똑같은 실수를 한 적은 없
는가?'를 떠올려보곤 했다. 우리는 사람이기에 누구나 실수를 하기 마련, 그러면 이렇게
생각하는 것이다. '아! 나에게도 있는 모습이구나. 그럼 뭐라고 할 이유가 없겠네.' 그렇
게 생각했더니 많은 부분에서 편해졌다. 나의 작은 생각이 필요한 누군가에게 도움이 되
길 바라며.

・나는 다른 사람의 생각을 인정할 수 없을 때 어떻게 행동하는가? 그것이 사람들에게 어떻게 비춰지겠는가?

・어차피 상황은 바뀌지 않는다. 대인 관계에서 편안해지려면 결국은 나의 관점을 바꿔야 하는 것이다. 무엇을 바꿔보겠는가?

✅ 루소는 "세상을 살아가려면 많은 사람과 사귈 줄 알아야 한다"고 강조했다. 유연한 인간관계를 위한 나만의 5가지 원칙을 만들어보자.

세상은 거울과 같다.
사람들과의 관계에서 겪는 문제들 중 대부분은
스스로와의 관계에서 겪고 있는 문제를
거울처럼 보여주고 있다.
밖으로 나가서 남들을 바꿔놓을 필요는 없다.
우리 자신의 생각들을 조금씩 바꿔나가다 보면,
주위 사람들과의 관계는 자동으로 개선된다.

-앤드류 매튜스

# 05

# 살면서 많은 혜택을 누리는 사람들의 2가지 비결

왜 어떤 사람은 똑같은 돈을 지불하고도 더 많은 서비스를 받고
똑같은 일을 하는데도 상대방이 친절하게 맞아주는 걸까?

그 비결은 아주 간단하다.
돈도 들지 않고, 엄청난 노력이 필요한 것도 아니다.

첫째, 밝은 얼굴로 상대방을 맞아주자.
둘째, 어떤 방법으로든 호감을 적극적으로 표현하자.

상대방에게 무언가를 바라고 하는 행동은 아니지만
이 두 가지만으로도 전방 100m를 밝히는 사람이 될 수 있다.
그러면 표현하는 사람도, 받는 사람도 행복해진다.

---

**# Mini Box**

**다른 사람에게 사소한 친절을 베풀고 나서 오히려 내가 행복해졌던 경험을 떠올려보자.**

---

나 역시 사람들을 많이 만나다 보니 감동의 순간을 많이 접하게 된다.
그럴 때마다 드는 생각은 호감 표현이라는 것이 꼭 거창한 게 아니라는 점이다.
상대방이 미소 지을 수 있고, 감성을 터치할 수 있다면 그걸로도 충분하다.

최근에 수강생분이 운영하는 피부샵에 직원 교육차 방문했을 때의 일이다.
입구에 걸린 '갖고 싶다, 너란 여자. 주하요'라는 현수막 문구에서부터
내 이니셜이 들어간 세상에 단 하나뿐인 샤프 선물,
사인을 받겠다며 준비해놓은 내 책과 두터운 종이 등
돌아오는 그 순간까지도 고마움의 연속이었다.
나는 사람들에게 어떠한 감동을 선사하겠는가?

# 사람을 얻는 자,
## 천하를 얻으리라.

#자매품 '치심자득천하'
#마음을 다스리는 자, 천하를 얻으리라.

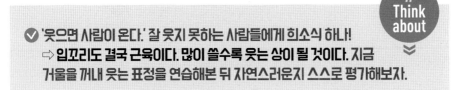

✅ '웃으면 사람이 온다.' 잘 웃지 못하는 사람들에게 희소식 하나!
⇨ **입꼬리도 결국 근육이다. 많이 쓸수록 웃는 상이 될 것이다. 지금 거울을 꺼내 웃는 표정을 연습해본 뒤 자연스러운지 스스로 평가해보자.**

✅ **입꼬리의 모양을 다르게 하여 두 가지 목소리를 녹음하고 비교해보자. 어떤 입꼬리일 때 더 호감이 생기는가? 이것은 전화로도 전달될까?**

입꼬리를 올렸을 때(미소 띠기) ≫

입꼬리를 내렸을 때(무표정) ≫

**Bonus 주하요~!**

선물하는 사람과 받는 사람 중에 누가 더 많이 기쁠까? 둘 다 기쁘겠지만 주로 준비하는 사람 쪽일 것이다. 왜냐하면 준비하는 사람은 준비하면서부터 받는 사람이 기뻐하는 것을 떠올리며 즐겁기 때문이다. 좋아하는 지인들에게 나눠주는 기쁨을 누리는 우리의 인생이 되기를….

✅ 사람을 얻는 이벤트를 기획해보자. 어떤 것들을 준비해보겠는가?

✅ 지금 당장 내가 좋아하는 단 한 명에게 문자 한 통을 넣어보자. 센스 있는 문구를 담아서 말이다. (ex: 갖고 싶다. 너란 친구)

선물은 종종 물건으로 오해하기 쉽다.
하지만 가장 소중한 선물은 우리의 시간, 친절,
때로는 필요한 사람에게 위안을 주는 것이다.
우리는 이런 것들을 별로 중요하지 않게 생각한다.

-조이스 히플러

아침에 눈을 뜨면
'오늘 한 사람에게만이라도
기쁨을 주어야겠다'라는
생각으로 하루를 시작하라.

-니체

일생에서 가장 중요한 시간은 지금이고,
일생에서 가장 중요한 사람은
내 옆에 있는 사람이다.
그리고 일생에서 가장 중요한 일은
그 사람에게 선을 베푸는 것이다.

-톨스토이

# 06

# 인생을 바꾸고 싶다면
# 당장 '오늘'부터 바꿔라!

사람은 누구나 주변 환경의 영향을 받는다.
자신이 살아가는 집과 동네, 직장, 어울리는 사람 등등의 환경이
어느새 자신의 생각이나 모습에 영향을 미치기 때문이다.

만약 우리가 긍정적인 사람이 되고 싶다면
주변을 긍정적인 사람으로 채워야 한다.

---

**# Mini Box**

**나는 어떤 사람과 가까이 지내고 있는가?**

특히, 누군가의 조언을 구할 때 상대방의 성향을 잘 파악하라.
긍정적인 사람은 긍정적인 조언을,
부정적인 사람은 부정적인 조언을 해줄 것이기 때문이다.

조금 더 강하게 어필하자면,
내가 조언을 구하고 있는 상대의 모습이
곧, 나의 미래가 된다!
그만큼 사람에게서 환경은 중요하다.

그러니 닮고 싶은 사람들, 배울 것이 많은 곳으로 가보자.
나도 모르는 사이 가랑비에 옷 젖듯 서서히 물들 것이다.

내가 닮고 싶은 사람과
가까이하면
어느새 나는 그 모습과
닮아 있을 것이다.

✅ 동화 〈정글북〉이나 영화 〈늑대 소년〉을 떠올리며 환경의 중요성에
대해 적어보자.

늑대들과 함께 있었을 때 모습 »»

사람들과 함께 있었을 때 모습 »»

✅ 위 이야기에서 시사하는 바는 무엇일까?

• 나는 친구나 직장 동료들과 주로 어떤 화제로 이야기를 나누는가?

• 현재 나와 가깝게 지내는 사람들은 누구인가?
  우리는 서로에게 긍정적인 기운을 불어넣는 관계인지 되짚어 보자.

• 나의 롤모델이 있다면 어떤 점을 닮고 싶은지 소개해보자.

◎ 슬럼프에 빠지거나 벽에 부딪힌 느낌이 들 때, 주변 환경을 바꾸는 것이 오히려 효과적일 수 있다. 어떤 변화를 가질 수 있을지 생각해보자.

> TIP 많은 커플, 부부들이 차 안에서 많이 다투게 되는 이유는 공간이 좁기 때문이다. 중요한 이야기는 공간이 탁 트인 야외에서 나눠보면 어떨까?

• 어떻게 주변 환경이나 삶을 변화시킬 수 있을지 구체적으로 생각해보자.

**Bonus 주하요~!**

한 연세대 교수님께서 한번 성적이 떨어진 학생은 좀처럼 오르지 않는 것을 발견했다고 한다. 그러나 그들이 성적이 오르는 경우가 있는데 그것은 바로 환경을 바꾸는 것! 즉, 군대를 다녀왔다거나 장기간 해외여행을 다녀오는 등 '그동안과 다른 환경을 접했을 때'였다. 만약 당신이 변하고 싶다면, 당장 무언가를 시작해보자! 우리는 누구나 지금보다 좋아질 수 있다!

어리석은 자와 가까이 말고
슬기로운 자와 친하게 지내라.
그리하여 존경할 만한 사람을 섬겨라.
이것이 인간에게 최상의 행복이다.

-《대길상경》

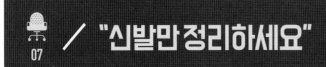
나는 세상을 바꿀 수 있는 사람일까?
언뜻 그게 엄청난 일로 느껴질지도 모른다.
하지만 세상의 모든 위대한 발견이나 대단한 일은
모두 작은 생각에서 출발했다.

## '작은 생각'의 힘을 믿자. 때로는 작은 움직임이 세상을 바꾼다.

학교 담벼락이나 어두운 공간을 밝게 리모델링하는 것만으로
학교 폭력이 현저하게 줄어들었고,
쓰레기 무단투기 골목에 화단을 조성하는 것만으로
CCTV로도 해결되지 않던 무단투기가 줄어들었다.

222

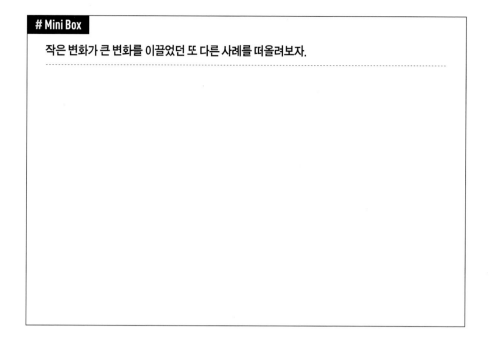

# Mini Box

**작은 변화가 큰 변화를 이끌었던 또 다른 사례를 떠올려보자.**

작은 변화를 통해 강요하지 않고도 행동 변화를 일으키는
'넛지 효과'의 결과라고 할 수 있다.

우리는 이미 다른 이의 마음을 움직여본 경험이
크고 작게 한 번쯤은 있을 것이다.

마찬가지로 작은 생각, 작은 인정을 통해
나 자신을 변화시킬 수 있다.
나 자신이 바뀌면 나를 둘러싼 세상이 바뀐다.

☑ 나는 스쳐 지나가는 작은 생각이나 아이디어를 메모해두는가?

☑ 작은 생각의 변화나 사소한 도전으로 큰 변화를 이끌어낸 경험이나 사례를 적어 보자.

• 변화를 가로막는 고정관념을 스스로 발견했을 때, 어떻게 극복할 것인가?

• 한 번에 많은 것을 바꾸려 한다면 포기하고 싶어질 수도 있다. 나의 단기적 목표를 적고,
그것을 이루기 위한 작은 미션을 지금 바로 적어보자.

✅ 스스로를 변화시키고 자신에 대한 만족도를 높이기 위해 무엇을 할 것인가?

· 나를 북돋아줄 수 있는 인정, 칭찬의 말을 5가지 이상 적어보자.

1 ≫

2 ≫

3 ≫

4 ≫

5 ≫

· 나는 오늘 어떤 '작은 노력'들을 했고, 내일은 무엇을 할 예정인가?

오늘의 노력 ≫

내일의 계획 ≫

성공은 매일 반복한
작은 노력들의 합이다.

-로버트 콜리어

인생이란
자신을 찾는 것이 아니라
자신을 만드는 것이다.

-롤리 다스칼

열정과 끈기는 보통 사람을
특출하게 만들고 무관심과 무기력은
비범한 이를 보통 사람으로 만든다.

-와드

성공하고 싶은가?

그렇다면 제일 먼저 해야 할 일은 꿈을 꾸는 것이다.

꿈꾸지 않고서 성공에 도달하기는 어렵다.


꿈은 목표를 갖게 한다.

목표는 계획을 수립하고 행동하게 한다.

결국 꿈이 있어야 우리는 움직이게 되는 것이다.


터무니없어도 좋으니 꿈을 꾸자.


---

**# Mini Box**

**나는 올해 어떤 목표를 세웠는가? 이어서 다음 질문에 답해보자.**

①목표를 계속해서 떠올렸는지 ②만약, 잊었다면 그 이유는 무엇이며 언제부터였는지 ③다시 실현 가능한 목표를 세운다면 어떤 것인지 적어보자.

꿈을 좇다 보면 당연히
어려움에 부딪히기도 하고 좌절할 수도 있다.
하지만 주어진 환경을 오히려 활용하고 끊임없이 도전하는 것이
성공하는 사람들의 공통된 특징이다.

목적을 가지고 노력한다면
꿈은 반드시 이루어질 것이다!

좋을 때나 나쁠 때나 동기부여를 잊지 말자.
끊임없이 동기부여를 하다 보면
어느 사이엔가 우리는 강한 사람이 되어 있을 것이다.

꿈을 크게 꾸고 성공을 확신하라!
이것은 모든 성공 원칙 중에서도 가장 강력한 원칙이다.

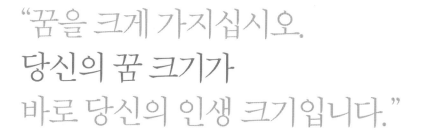

"꿈을 크게 가지십시오.
당신의 꿈 크기가
바로 당신의 인생 크기입니다."

✅ 꿈을 일관적으로, 지속적으로 추구하기 위한 방법에는
  무엇이 있을까?

✅ 긍정적인 성격과 부정적인 성격이 꿈을 이루는 데 영향을 미칠까? 어려움을 겪
  었을 때, 각 성격에 따라 어떻게 해석이 달라지는지 상상해보자.

  사업이 잘 안 될 때 '부정적인 성격의 사람이 내리는 생각의 결론' »

  사업이 잘 안 될 때 '긍정적인 성격의 사람이 내리는 생각의 결론' »

· 나는 어떤 꿈을 꾸고 있는지 구체적으로 소개해보자.

· 나의 꿈을 이루는 데 방해 요소나 의심되는 요소를 적어보자. 그리고 내 안에 도움이 되는 요소도 적어보자.

◉ 자수성가한 사람들의 스토리 중에서 와닿는 사례를 찾아 적어보자.

◉ 자수성가하기 전, 그들은 과연 어떤 꿈을 꾸고 있었을까?

오랫동안
꿈을 그리는 사람은
마침내 그 꿈을
닮아간다.

-앙드레 말로

위대한 일을 이루기 위해서는,
행동만이 아니라 꿈이 필요하다.
계획만이 아니라
믿음이 필요하다.

-아나톨레 프랭스

미래는
자신의 꿈이 멋지다고
믿는 사람들의 것이다.

-엘리너 루스벨트

# 5th

# 치열하게 고민하면 돈은 따라온다

01

한 연구에서는 1960년부터 1980년까지
MBA 졸업생 1,500명을 추적했다.
이들은 졸업생을 두 가지 범주로 나누었다.
A에 속한 사람들은 먼저 돈을 번 뒤에 하고 싶은 일을 하겠다고 답했다.
B에 속한 사람들은 먼저 관심 있는 일을 하다 보면
돈은 자연스레 따라올 거라고 답했다.

20년 후 그중 101명이 백만장자가 되었다.
그런데 A에서는 단 한 명에 불과했고
나머지 100명은 모두 B에 속한 사람들이었다.

어디에서 무슨 일을 하고 있든
매 순간 최선을 다하라.

내가 목표로 하고 있는 것은 무엇인가? 현재 나의 경험이 미래에 어떤 좋은 영향을 미칠지 생각해보자.

나의 존재 가치를 지키며 살 때,
그리고 치열하게
지속적으로 노력할 때,
돈은 따라온다.

✅ 나는 현재 무엇을 좇고 있는가? 돈인가? 좋아하는 일인가?

✅ 사람은 어떤 순간에 자신의 존재감을 느끼고 보람을 느낄까?

• 나의 행복은 어디에서 오는가?

• 나에게 '돈을 번다는 것'은 무슨 의미인가?

## ✓ 진정한 성공을 위해서는 무엇을 고민해야 할까?

· 내가 하고 싶고 해야 하는 일을 먼저 적어보자.

· 이다음에 생을 마감했을 때, 사람들에게 어떤 사람으로 기억되고 싶은가?

자신이 좋아하는 일을 하라.
그러면 성공은
자연히 따라온다.

-워런 버핏

재산은
가지고 있는 자의 것이 아니고,
그것을 즐기는 자의 것이다.

-하우얼

# 02

# "손님이 주랜 허믄 아끼지 말앙 다 주라게!"

*"사람을 얻는 자는 성공하고, 사람을 잃는 자는 실패한다."*

성공하려면 내가 잘하는 것도 중요하지만
수많은 사람들을 내 편으로 만들 수 있어야 한다.

성공한 사람들 옆이 늘 북적거리는 이유는
그가 성공했기 때문이 아니라
성공에 필요한 사람들을 불러모을 수 있는 능력이 있었기 때문이다.

눈앞의 손익에 연연하는 것보다
사람을 얻는 것이 장기적으로 훨씬 큰 재산이 된다.

---

**# Mini Box**

**왜 서비스를 아끼지 않는 식당이 더욱 매출이 오를까?**

---

상대를 살피고 배려하자.
상대의 강점을 부각시키고 약점은 덮어주자.
따뜻한 카리스마로 사람들을 끌어당기자.

사람들은
누군가의 호의를 느끼고 신뢰하게 되면
어떤 형태로든 보답을 하고 싶어 하는 심리가 있다.

결국,
세상에서 얻은 만큼 남에게 베풀면
그 선행은 다시 나에게 되돌아오기 마련이다.

"기업은 이제 성과로만
진급시키는 게 아니라
다른 사람에게 얼마나 좋은
영향을 미치느냐도
비중 있게 고려해야 합니다."
- 펜실베이니아 대학교 그랜트 교수

기분 좋은 서비스를 받았던 기억을 떠올려보자.
언제, 어디서 경험했는지 구체적으로 적어보자.

내가 좋은 서비스를 제공하여 또 다른 기회로 연결되었던 사례가 있는가?

· 식당 등에서 어떤 서비스를 받을 때 기분이 좋고 다시 와야겠다는 생각이 드는가?

· 어떤 사람들이 있는 곳에서 오래 일하고 싶은 생각이 드는가?

· 어떤 보상이 있을 때 열정적으로 일하게 되는가?

## ✅ 내가 기업의 CEO라면 어떤 정책으로 직원들의 마음을 얻겠는가?

・'사람을 남기는 기업'이란 구체적으로 무엇을 말하는 걸까?

・사람들이 열정적으로 책임감을 가지고 일하게 만드는 비결은 무엇일까?

이해관계가 있을 때만
남에게 친절하고 어질게 대하지 마라.
이해관계를 떠나서 누구에게나 친절하고
누구에게나 어진 마음으로 대하라.
어진 마음 자체가
따스한 체온이 되기 때문이다.

-블레즈 파스칼

# 개똥도 사게 하는 말의 힘

03

사람들은 진실을 그대로 믿으려 하기보다는
결과에 맞는 합당한 이유를 찾아
스스로 합리화시키려고 하는 경향이 있다.

자기 자신을 설득하다 보면
결국 그것이 진실이라고 믿는 것이다.

---

**# Mini Box**

**자기 자신을 쉽게 납득시키는 방법은 무엇일까?**

---

대답하는 사람에게 결정권이 있는 것 같지만
사실 주도권은 질문하는 사람에게 있다.

"이 프로젝트의 어떤 부분이 좋아 보이나요?"
"부모님 모시고 가는 여행에서는 뭐가 가장 중요할까요?"

오히려 상대가 설명할 수 있는 구체적인 질문을 던지자.
상대는 자신의 대답을 스스로에게 설명하고 납득시킬 것이다.

협상에서 주도권을 잡는
가장 확실한 방법은
내가 제시하고
설득하는 것이 아니다.
상대에게 거꾸로
물어보는 것이다.

⊘ 녹차를 팔고 있는 당신에게. 고객이 묻는다. "녹차가 어디에 좋아요?"
이때. 당신은 뭐라고 대답하겠는가?

**Bonus 주하요~!**

위 상황에서 바로 효능을 답해주는 것보다 좋은 건 스스로 먼저 효능을 생각해보게 질
문하는 것이다. 열 가지의 효능을 얘기하기보다 상대방이 알고 있는 효능 한두 가지를
확인시켜줬을 때 훨씬 더 신뢰가 갈 수 있다. (ex: 어디에 좋다고 하던가요?/어디가 좋아지셨
으면 하나요?)

• 내가 여행 상품을 판매한다고 가정하고, 그 상품에 매력을 느끼도록 상대에게 할 수 있는 질문의 예시를 적어보자.

◎ 질문의 다양한 기능에 대하여 생각해보자.

• 현재 나의 상황에서 할 수 있는 질문들을 적어보자.

• 내 질문으로 얻을 수 있는 효과, 질문의 역할을 10가지 이상 적어보자.

믿기지 않겠지만,
인간이 가진 최고의 탁월함은
자기 자신과 타인에게
질문하는 능력이다.

-소크라테스

# 🪑 04 / "팩트만 가지고 와"

우리가 통상 걱정하는 것들의 92%는
실제로는 일어나지 않은 일이거나
걱정한다고 상황이 달라지지 않는 일이라고 한다.

나머지 8% 중에서도 절반인 4%는
아무리 열심히 걱정해도 해결할 수 없는 일이기에
결국 걱정할 만한 일은 4%에 불과한 셈이다.

우리는 일어나지도 않은 일이나
어찌 할 수도 없는 걱정 때문에 수많은 밤을 고민으로 지새우는 것이다.

---

**# Mini Box**

**나는 고민이 있을 때 그것을 어떻게 해결하는가?**

돌이켜보면 생각을 계속 키워서
나를 불행한 사람으로 만드는 것은
그 누구도 아닌 나 자신이다.

같은 상황을 겪더라도
내가 그 상황을 어떻게 인식하고 받아들이냐 하는 것이 중요하다.

부정적인 감정 하나를 접했을 때
그대로 두면 그 생각은 꼬리에 꼬리를 물고, 더욱 커지기 마련이다.

만약 부정적인 생각이 떠오른다면 스스로에게 곧바로 물어보자.

# '지금 내가 떠올린 건
## 생각인가, 사실인가?'

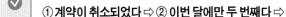

① 계약이 취소되었다 ⇨ ② 이번 달에만 두 번째다 ⇨
③ 지난달 회사 내에서 꼴등을 했다 ⇨ ④ 이번 달에도 꼴등 할 것 같다 ⇨
⑤ 이러다 회사에서 쫓겨나면 어떡하지? ⇨ ⑥ 앞으로 밥벌이를 어떻게 해야 할까?

**위 보기에서 어디서부터 어디까지가 생각이고, 사실일까?**

**Bonus 주하요~!**

위 예시의 정답을 무엇이라고 적었는가? 대부분 답하기를 ③번까지가 사실이라고 했다. 그리고 내가 생각하는 정답은 ①번이다. 왜냐하면 ②번부터는 내가 굳이 떠올리지 않아도 되는 사실들, 즉 생각이기 때문이다. 누군가는 같은 상황에서 '이번 달에 얼마나 계약이 잘되려고 그러지?'라며 긍정을 떠올리기도 한다.

이해를 돕기 위해 나의 얘기를 간단히 적어보겠다. 많은 스케줄 덕분에 큰 강의를 앞두고 잠을 거의 못 잔 날이 있었다. '혹시나 잠을 못 자서 강의를 잘하지 못하면 어쩌지?'라는 생각이 잠시 떠올랐던 나는 불안함을 내가 원하는 방향으로 전환해보기로 했다. 내가 결국 원하는 건 '초인적인 힘을 발휘하여 더욱 강의가 잘되는 것'이었다. 그래서 그렇게 주문을 걸었고, 놀랍게도 생각대로 되었던 경험을 몇 번 하고 난 뒤로는 그것이 정말 '기정사실화'가 되어버렸다. 이렇듯 사람들에게는 저마다 생각의 회로가 존재한다. 원하는 것만을 떠올려라. 우연이 현실이 된 그 순간부터 새로운 회로가 생길 테니까.

· 좀 전의 ①~⑥번까지 예시를 긍정적인 생각의 패턴으로 바꿔보자.

· 최근에 부정적인 사고 패턴을 경험한 적이 있는가?

• 앞서 적었던 경험을 최대한 긍정적으로 나열해보자.

• 위 사례에서 느낀 점과, 앞으로 어떻게 적용할 지를 적어보자.

불필요한 근심에서 벗어나라.
백 년도 못 사는 인간이
천 년의 근심으로 산다.

-한산

좋은 협상에는 게임처럼 일종의 규칙이 있다.

첫째, 장점을 어필하라.
전문가임에도 불구하고 그 능력을 어필하지 못하는 사람들을 종종 보곤 한다.
나만의 어필 방법을 만들어야만 한다. (전편 p.197 참고)

둘째, 비교를 활용하라.
가격의 기준이 없으면, 같은 값이라도 다르게 느낀다.
그러니 미리 그 기준을 설정해줘야 한다.

셋째, 상상하게 하라.
'만약'이라는 단서가 붙으면
상대는 내가 제시하는 방향에 대하여
편안한 마음으로 자연스럽게 상상해볼 수 있다.

협상은,

서로의 의견 차이를 좁히고 서로가 좋은 결과를 얻기 위해

커뮤니케이션하는 과정이다.

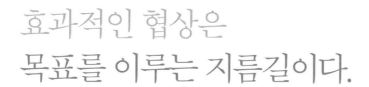

효과적인 협상은
목표를 이루는 지름길이다.

✅ 나의 장점을 나열하고 그것들을 어필할 수 있는 문장을 적어보자.

✅ 협상의 기준을 어떻게 제시할 것인지를 생각해보자.

• 내가 제공할 수 있는 것을 바탕으로 이미 이루어진 상태를 상상하게 해보자.
  어떻게 말하겠는가?

• 만약 상대방이 생각해본다고 했을 때, 어떻게 다시 주도권을 갖고 올 것인가?

◐ 우리에게는 효과적인 커뮤니케이션 능력이 필요하다. 좋은 커뮤니케이션을 위해 어떤 마음가짐이 필요할까?

· 양쪽 다 만족스러운 협상이 되기 위해서, 무엇을 제공해줄 것인가?

협상에서 중요한 것은
누가 옳은가의 문제가 아니다.
양측이 모두 받아들일 만한 것이 무엇인가가
가장 중요한 문제다.

-케이융 첸

# '대통령들의 악수법', 그 은밀한 밀고 당기기

## 06

협상에 임할 때 절대 잊지 말아야 하는 것,
바로 자신감이다.

눈 마주침, 손동작, 걸음걸이 하나하나가
자신의 심리를 드러내기 때문이다.

판매자가 자신이 없고 초조해하면
그가 판매하는 상품도 별 볼일 없는 것으로 느껴진다.
반대로 판매자가 자신 있고 당당해 보이면
왠지 그의 상품에도 신뢰가 생기는 것이다.

말하는 사람이 스스로 초조해하거나 자신감이 떨어진 모습을 보인다면
그 협상에서 성공하기 쉽지 않다.

---

**# Mini Box**

**나는 어떤 경우 초조함을 느끼는가?**

---

어느 가수는 이런 말을 했다.

"충분히 준비되지 않으면 무대가 두렵지만,
완벽하게 연습했다면 무대가 기대되고 흥분된다."

내가 충분히 준비되고 자신감이 있다면
설사 마음속이 조급하다 하더라도
상대방에게는 여유 있는 모습을 보여야 한다.

우리는
협상을 리드할 수 있는
힘을 가지고 있다.
그 힘을 기르고
표현하기만 하면 된다.

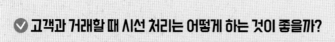

✅ 고객과 거래할 때 시선 처리는 어떻게 하는 것이 좋을까?

✅ 상대방에게 여유 있게 보이려면 어떤 것들을 점검해야 할까? 그것을 바탕으로 나의 평상시 모습을 적어보자.

· 내가 알고 있는 당당한 사람들의 특징을 구체적으로 적어보자.

· 내가 보완해야 할 점은 무엇이고, 어떤 노력을 하겠는가?

### ✅ 어떻게 상대방에게 나에 대한 신뢰감을 높일 수 있을까?

나의 행동이나 자신감은 결국 생각에서 비롯한다. 유튜브 주하효과 영상에서 각 나라의 대통령도 협상을 한다는 얘기를 기억하는가? 그렇다면 우리는 그들과 같은 노력을 하고 있는 위대한 사람들이다. 언젠가 우리의 협상력이 더욱 강화되었을 때를 떠올려 보자. 미래의 내가 현재의 나에게 자신감을 일깨워준다면 어떤 얘기를 들려주고 싶은가?

자신감은
위대한 과업을 달성하기 위한
첫 번째 요건이다.

-새뮤얼 존슨

당신이 저지를 수 있는
가장 큰 실수는
실수를 할까 두려워하는 것이다.

-앨버트 하버드

# 07 / 단추는 적게 풀수록 섹시하다

시간과 돈과 노력을 통해 직접 쌓아온 자신만의 노하우는
그만큼의 가치가 있다.

다른 사람이 같은 실패를 반복하지 않고
더 빠른 길로 갈 수 있게끔 도와줄 수 있으니 말이다.
물론, 누군가에게 충분히 도움이 되는 내용이란 것이 전제가 되지만 말이다.

---

**# Mini Box**

**나에게는 남들에게 전해줄 수 있는 어떤 실패 혹은 성공의 노하우가 있는가?**

---

나에게 숙련된 노하우가 있다면
그것의 가치를 '스스로' 높여야 한다.

한 번에 나의 모든 패를 꺼내놓지 마라.

상대의 궁금증을 유발하고
관심을 자극하여
최대한 가치 있게 전달하라.

✅ 상품의 가치를 높이는 방법에는 무엇이 있을까?

✅ 사람들에게 전달할 때, 어떻게 기대감을 높일 수 있을까?

· 나의 노하우에는 어느 정도의 가치가 있다고 생각하는가?

· 나의 가치를 최대한 끌어올리기 위해 무엇을 더 준비하고 공부하겠는가?

· 상대방에게 나의 가치를 어필하기 위해서는 어떤 전략이 필요할까?

◎ 나의 노하우에 대해 고객의 관심과 흥미를 유발할 수 있도록 자기소개를
해보자.

· 내가 그들에게 어떤 가치를 제공해줄 수 있는지 흥미를 자극하라.

· 나에 대한 사람들의 예상 질문을 5가지 이상 적어보자.

1 ≫

2 ≫

3 ≫

4 ≫

5 ≫

자신이 특별한 인재라는 자신감만큼
유익하고 유일한 것은 없다.

-데일 카네기

# 08 / 할인이 아니어도 좋다

모든 협상의 상황에는

단 한 가지의 목표만 있는 것이 아니라

그 외에도 여러 가지의 조율점이 존재한다.


협상 경험이 없는 사람은

단 하나의 목표에만 집착하는 경향이 있다.

예를 들어 물건을 살 때 가격을 깎아줘야만 된다고 생각하는 것이다.


그러나 절대 가격을 낮출 수 없는 입장이라면

다른 긍정적인 방안을 찾아볼 수 있다.


# # Mini Box

**가격 협상 외에 어떤 제안이 가능할까?**

민감한 부분에 대해서는 서로 양보하기 어렵지만,
상대적으로 덜 민감한 주제가 있을 것이다.

양보할 수 있는 것과
양보할 수 없는 것을 미리 준비하고,
서로에게 좋은 협상을 하라.

내가 줄 수 있는 것 중에서
다른 것으로도
얼마든지 협상은 가능하다.
그리고 그 이득의 범위가
다양하게 제기될수록
협상의 질은 높아질 수 있다.

☑ 어떤 경우를 윈윈(win-win) 협상이라고 할 수 있을까?
생각나는 대로 적어보자.

☑ 반대로 lose-lose 협상은 어떤 경우에 발생할까? 생각나는 대로 적어보자.

· 상대방이 내게 원하는 것은 무엇인가?

· 상대방이 나에게 제공할 수 있는 것은 무엇인가?

· 내가 상대에게 제공할 수 있는 것의 범위는 어디까지인가?

◉ **상대가 양보할 수 없는 이슈에 대해서만 끊임없이 요구하면 어떤 상황이 발생할까?**

・실제로 의견이 좁혀지지 않았던 협상의 경험이 있다면 적어보자.

・그 경우 서로에게 이익을 줄 수 있는 대안을 고민해보자.

타협의 범위를
최대한 넓혀라.

-한스 올로브 올슨

최고의 협상은
내가 원하는 바를
상대방이 말하거나
행하게 하는 것이다.

-다니엘 발레

# 진짜 이유를 파악해야 살아남는다

협상을 할 때는
내가 주고 싶은 것이 아니라
상대방이 받고 싶은 것에 집중하라!

흔히 알고 있는 '사자와 소' 이야기처럼
우리도 모르게 상대방에게 내가 원하는 사랑을 베푼다.

그러나 내 기준에서만 최선을 다하는 것은
오히려 독이 되기도 한다.

속마음을 파악하고 진짜 이유를 풀어가다 보면
그 사람 내면의 진짜 욕구를 만날 수 있다.

---

**# Mini Box**

**나는 상대방이 원하는 것을 파악하기 위해 어떤 노력을 하고 있는가?**

---

사람들이 제안을 거절할 때 말하는 이유는
실은 진짜 이유가 아닌 핑계인 경우가 많다.

그럴 때 상대방에게 진짜 문제가 되는 것이 무엇인지,
그것을 어떻게 해결할 수 있는지 실마리를 잡다 보면
반전의 기회가 생기기도 한다.

베테랑 세일즈맨 벤 펠드먼은
"잠재고객이 '사지 않겠다'고 말할 때
진짜 세일즈는 시작된다"고 말하기도 했다.

거절의 진짜 의미는
'나는 구매 결정을 내릴 만큼 잘 알지 못한다'는 뜻이기 때문이다.

# 고객의 니즈를 분명하게 파악하여 그에게 왜 이 제품이 '필요'한지를 정확하게 알려주자.

☑ 거절의 진짜 이유를 파악하기 위한 멘트를 3가지 이상 적어보자.

1 »

2 »

3 »

☑ 나는 구매를 거절할 때 흔히 어떤 핑계를 대는가? 생각나는 대로 다 적어보자.

・그때의 진짜 속마음, 진짜 이유는 무엇이었는가?

・만약 그 이유가 어떻게 해결되었다면 그 상품을 구매하였을지 생각해보자.

고객이 자신의 인생 전부를
맡기고 싶을 만큼
커다란 신뢰를 주어라.

-브라이언 트레이시

인생에서 성공하지 못한 사람 중 다수는
성공을 목전에 두고도
모른 채 포기한 이들이다.

-토마스 에디슨

"돈이 어느 정도
행복에 도움을 주기는 하지만
어느 선을 넘어서게 되면
타락하게 된다.
그럼 무엇이 행복감을 주느냐면,
사람들과의 관계에서
행복이 온다."

사람을 가장 힘들게 하는 것도 인간관계지만
사람을 단숨에 행복하게 만드는 것도 인간관계다.

---

**# Mini Box**

**내 주변에는 나를 행복하게 만들어주는 친구가 몇 명이나 있는가?**

---

행복해지고 싶다면
지금 곁에 있는 사람들의 소중함을 느끼자.

때로는 받는 것보다 주는 것이 더 행복하다.
만 원을 나에게 쓰는 것보다
다른 사람에게 사용하고 나면 놀랍게도 행복도가 올라간다.

단숨에 행복해질 수 있는
매력적인 순간들을 놓치지 말자.

# Think about

☑ 좋은 인간관계를 지닌 사람들이 보다 더 행복한 이유가 뭘까?
곰곰이 생각하고 자신의 생각을 글로 적어보자.

☑ 좋은 인간관계를 유지하기 위해서 어떤 노력을 기울이고 있는지 적어보자.

• 나는 어떤 순간에 가장 확실한 행복을 느끼는가?

• 내가 좋아하는 사람들과 가장 즐거웠던 경험 3가지 정도를 떠올려서 글로 적어보자.
(글로 정리하기가 어렵다면 육하원칙으로 간단하게 적어보자.)

1 »»

2 »»

3 »»

· 받는 것보다 베푸는 게 행복했던 경험을 떠올려서 글로 적어보자.

・지금 이 순간, 머릿속에 소중한 친구 혹은 은사를 떠올려보고 손 편지를 써보자.

Dear. _____

2018년　　　월　　　일

From. _____

행복의 90%는
인간관계다.
-키르케고르

행복은
이미 만들어져 있는 것이 아니다.
행복은
당신의 행동들로부터 발생한다.
-달라이 라마